4주간 합격 완성 JLPT 문제집

필승합격 일본어능력시험
문자·어휘·문법 500문

마쓰모토 노리코·사사키 히토코

HED 글로벌 인재육성, 1984년설립
(주)해외교육사업단

머리말

일본어능력시험 (JLPT) 에서 고득점으로 합격하기 위해 일본어 학습자는 다양한 학습 방법과 참고서를 선택하고 있습니다 .
이 책은 아래에 제시하는 편집 방침과 학습 방법 외에 가장 먼저 장점으로 들 수 있는 것은 핸디 사이즈로 제작하여 언제 어디서나 휴대하여 쉽게 문제 풀이 중심으로 학습할 수 있도록 하였다는 점입니다 .
대부분의 책이 두텁게 편집되어 소지하고 다니기에 불편한 점을 감안하여 작고 가볍게 제작함으로써 소지하기 쉽도록 하는 데에 주안점을 두었습니다 .

이 책의 특징은 다음과 같습니다 .

◆이 책은 일본어능력시험 대비용으로 N4-N5, N3, N2. N1 의 4 권으로 구성하고 단계적으로 레벨에 맞게 공부할 수 있도록 시리즈 물로 편집하였습니다 .

◆하루 20 분 , 4 주 안에 각 레벨을 단기간에 자투리 시간에도 공부할 수 있게 하였습니다 . 물론 집중적으로 공부하고자 하는 경우에는 그 분량을 배로 늘리면 2 주에도 정리 , 완성할 수 있을 것입니다 .

◆문자 · 어휘 · 문법 분야를 균형 있게 학습할 수 있도록 각 페이지를 구성하여 종합적인 연습문제 풀이가 한 페이지 씩 가능하도록 하였습니다 .

◆이미 많은 학습을 진행한 경우에는 미숙한 부분만 집중적으로 공부하는 방법으로 이용할 수 있도록 하였습니다 . 이미 아는 문제는 체크하면서 모르는 부분만 반복적으로 학습하면 됩니다 .

일본어 학습은 “배우기 보다 익숙해져라” 라는 말이 있듯이 많은 문제를 반복적으로 계속 풀어가면서 능력을 기르시기 바랍니다 .
이 책은 일본에서 일본어 학습지 출판사로 널리 알려진 ‘아스크출판’ 에서 발행한 ‘신 일본어 500 문’ 을 한국어 판으로 새롭게 편집한 것입니다 .
여러분의 JLPT 학습에 많은 도움이 되시기를 바랍니다 .

2022 년 3 월 ㈜ 해외교육사업단

목 차

이 책의 사용법

◆이 책은 문자 , 어휘 , 문법을 한 페이지씩 학습해 나가도록 편집되어 있습니다 . 상단에는 문자 , 가운데는 어휘 , 하단에는 문법 문제가 있습니다 .

◆종합적인 능력을 기르기 위해서는 문제 번호순으로 풀어 나가면 좋습니다 . 하루에 5 페이지 15 문제 (3 문제 X 5 페이지) 씩 푸는 것으로 배정되어 있습니다 . 1 일째부터 6 일째까지는 문자 30 문제 , 어휘 30 문제 , 문법 30 문제 , 합계 90 문제를 풀게 됩니다 . 7 일째에는 그동안 학습한 것을 복습하는 의미에서 각 페이지당 문자 2 문제 , 어휘 2 문제 , 문법 2 문제의 총 6 페이지로 구성되어 전체적으로는 문자 12 문제 , 어휘 12 문제 , 문법 11 문제 , 합계 35 문제가 수록되어 있습니다 . 한 주의 학습을 마치면 각 주의 첫 페이지에 있는 집계표에 정답 수를 기입하십시오 . 집계표는 3 회분을 기입할 수 있도록 구성되어 있습니다 . 반복하여 3 회를 푸신다면 대부분의 문제는 기억되고 이해될 것입니다 . 각 페이지의 문제 우측 하단에 3 개의 □가 있으므로 3 회의 OX 를 표시하여 자신의 학습 이해도를 체크하고 정답 수를 카운트하여 집계표에 기입해 주십시오 .

◆분야별로 집중해서 문제를 푸는 방법도 좋습니다 . 예를 들면 , 문제 번호순이 아니라 상단의 문자 문제만 먼저 풀고 , 다음에는 가운데에 있는 어휘 문제만을 푸는 방식으로 공부할 수 있습니다 . 물론 순서에 관계없이 하단의 문법 문제만을 먼저 풀어도 좋습니다 .

자신의 약한 부분을 강화할 수 있도록 활용해 주십시오 .

◆문제 페이지의 다음 페이지에서 정답을 확인하고 해설 부분을 읽음으로써 자신의 이해도를 심화하기 바랍니다 . 한국어로 번역 · 해설하거나 일본어로 같은 의미의 표현을 제시 · 해설하는 경우도 있습니다 .

◆후반부에 수록된 자료편의 활용도 빠트리지 마시기 바랍니다 . 〈 한자 목록 〉에서는 이 책에 소개한 N2 에 해당하는 모든 한자를 획수 별로 배열하였습니다 . 이어서 〈 품사별 어휘 목록 〉에서는 N2 에 해당하는 어휘를 품사별로 정리하였습니다 . 또한 〈 문형 · 문법 항목 목록 〉에서는 N2 레벨의 모든 것을 정리하여 JLPT N2 시험에 대비한 총정리가 되도록 하였으므로 후반부의 자료편을 충분히 활용하시기 바랍니다 .

◆ 정답과 해설은 문제의 다음 페이지에 있습니다 .

1 일째 ~ **6 일째**

왼쪽 페이지＝정답 · 해설

◆ 이것은 앞 페이지 문제에 대한 정답과 해설입니다 .

◆ 첫째 줄에 정답과 문제의 완성문이 제시됩니다 . 문제에 나오는 한자의 음독과 훈독 및 관련 단어를 제시합니다 . 각각 어떻게 읽는지 확인하고 □ 속의 문자는 확실하게 눈에 익혀서 기억하시기 바랍니다 .

◆ 첫째 줄에 정답과 문제의 완성문이 제시됩니다 . 문제에 나오는 어휘에 대하여 각 표현법을 제시함으로써 관련 어휘도 익히도록 합니다 .

◆ 첫째 줄에 정답과 문제의 완성문이 제시됩니다 . 문제에 나오는 문법과 관련된 문법을 추가로 제시하고 , 그에 해당하는 예문도 제시합니다 .

정답

43 **4** この虫に近づくと、毒の針で**刺される**。

이 벌레에 다가가면 독침에 찔린다 .

문자

毒 **ドク** : 毒 독 · 気の毒な 딱한

針 **シン** : 方針 방침

はり : 針 침 / 바늘

刺 **シ** : 名刺 명함

さ (-す) : 刺す 찌르다 · 刺身 사시미 / 생선회

44 **1** ネットショッピングで安く買ったと思ったが、送料がかかってかえって高く**ついた**。

인터넷 쇼핑에서 싸게 샀다고 생각했는데 배송료가 붙어서 오히려 비싸게 치였다 .

어휘

高くつく (たかくつく) 비싸게 치이다

• 外食は**高くつく** 외식은 비싸게 치이다

• タクシーで行く方が安くつく場合がある。

택시로 가는 쪽이 싸게 치이는 경우가 있다 .

45 **1** あなたの言っていることは、言い訳**に過ぎない**。

OK 言い訳でしかない

당신이 말하고 있는 것은 변명에 불과하다 .

문법

~に過ぎない | Nでしかない (= ~에 불과하다 /~ 밖에 없다)

• 実行しなければ、ただの**夢でしかない**。(=夢に過ぎない)

실행하지 않으면 그저 꿈에 불과하다 .

~に限る (= ~が一番いい)

• 寒いときは温かいものを食べる**に限る**。

추울 때는 따뜻한 것을 먹는 것이 제일이다 .

40

오른쪽 페이지=문제

문제 **4 일째** **제 1 주**

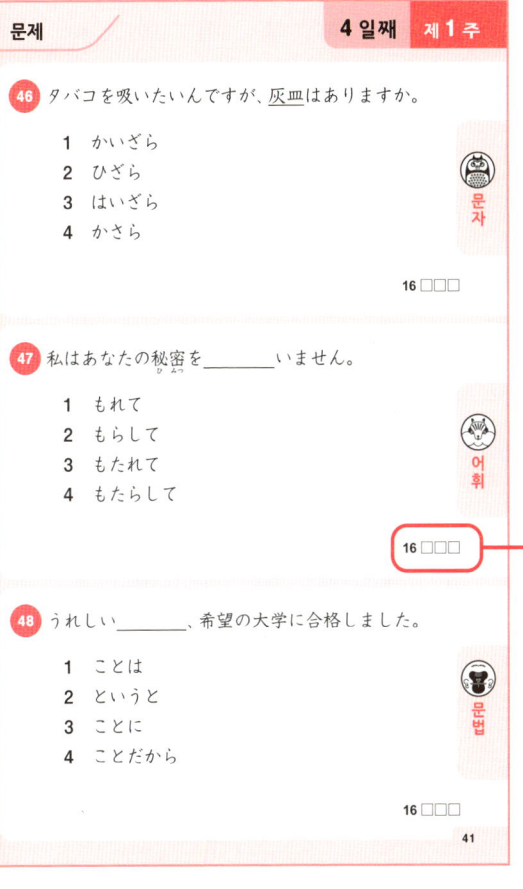

46 タバコを吸いたいんですが、灰皿はありますか。

1 かいざら
2 ひざら
3 はいざら
4 かさら

문자

16 □□□

47 私はあなたの秘密を＿＿＿＿いません。

1 もれて
2 もらして
3 もたれて
4 もたらして

어휘

16 □□□

48 うれしい＿＿＿＿、希望の大学に合格しました。

1 ことは
2 というと
3 ことに
4 ことだから

문법

16 □□□

41

◆ 이 문제의 정답은 다음 페이지에 있습니다.

◆ 정답을 확인하고 관련되는 해설을 참고하여 이해를 깊히도록 하시기 바랍니다.

◆ 답이 맞았을 경우에는 ○표시 하고 틀렸을 경우에는 ×표시를 하여 3회에 걸쳐 문제를 풀고 틀리는 문제가 없어지도록 반복 학습하시기 바랍니다.

7 일째

◆ 7 일째는 1～6일째의 복습입니다 .

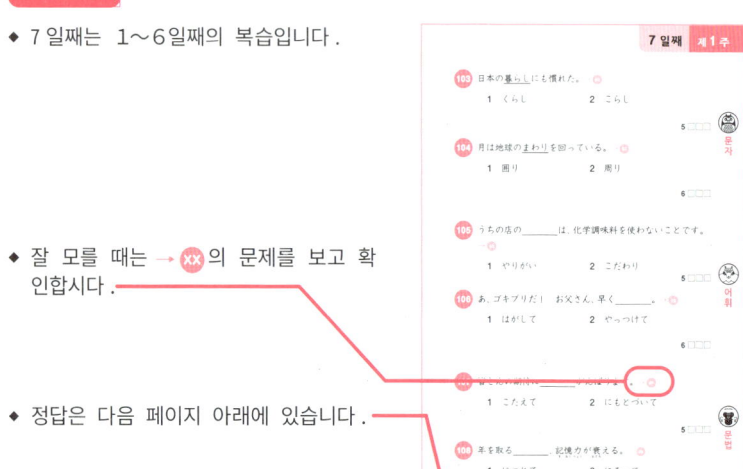

◆ 잘 모를 때는 → xx 의 문제를 보고 확인합시다 .

◆ 정답은 다음 페이지 아래에 있습니다 .

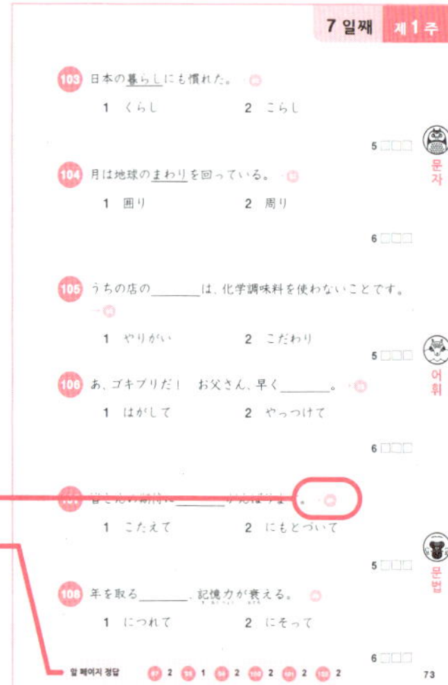
7 일째 제 1 주

103 日本の暮らしにも慣れた。
1 くらし　2 こらし
5

104 月は地球のまわりを回っている。
1 囲り　2 周り
6

105 うちの店の＿＿＿＿は、化学調味料を使わないことです。
1 やりがい　2 こだわり
5

106 あ、ゴキブリだ！　お父さん、早く＿＿＿＿。
1 はがして　2 やっつけて
6

1 こたえて　2 にもとづいて
5

108 年を取る＿＿＿＿、記憶力が衰える。
1 につれて　2 にそって
6

앞 페이지 정답 2 1 2 2 2 2

73

기호에 대하여

OK 정답이 될 만한 다른 표현을 소개하고 있습니다 .

⇔ 반대어를 소개합니다 .

＝ 거의 같은 의미의 표현을 소개하고 있습니다 .

＊ 주의점과 설명 등을 소개하고 있습니다 .

흔히 범할 수 있는 오류를 보여주고 있습니다 .
사용하지 않도록 주의하십시오 .

제 1 주

- 6 일째까지 마친 후 정답 수를 세어 기록합시다 .
- 정답 수가 적은 분야가 있으면 다시 한 번 푼 후에 7 일째로 나아갑시다 .
- 7 일째는 복습입니다 . 다 마친 후 정답 수를 적고 , 학습 효과를 확인합시다 .

문자

	1 ~ 6 일째	7 일째 (복습)
1 회차	／30 문제	／12 문제
2 회차	／30 문제	／12 문제
3 회차	／30 문제	／12 문제

어휘

	1 ~ 6 일째	7 일째 (복습)
1 회차	／30 문제	／12 문제
2 회차	／30 문제	／12 문제
3 회차	／30 문제	／12 문제

문법

	1 ~ 6 일째	7 일째 (복습)
1 회차	／30 문제	／11 문제
2 회차	／30 문제	／11 문제
3 회차	／30 문제	／11 문제

문자

＿＿＿＿＿ のことばに対し、ひらがなは漢字に、漢字はひらがなに直して、正しいものを選択肢から選びなさい。

＿＿＿＿＿ 의 단어에 대해 히라가나는 한자로 , 한자는 히라가나로 고치고 바른 것을 선택지에서 고르시오 .

어휘

＿＿＿＿＿ のところに何を入れたらよいか。いちばん適当なものを選択肢から一つ選びなさい。

＿＿＿＿＿ 에 무엇을 넣으면 좋은지 가장 적당한 것을 선택지에서 하나 고르시오.

문법

＿＿＿＿＿ のところに何を入れたらよいか。いちばん適当なものを選択肢から一つ選びなさい。

＿＿＿＿＿ 에 무엇을 넣으면 좋은지 가장 적당한 것을 선택지에서 하나 고르시오.

1 A 国の大統領は、日本の印象を次のように述べた。

1 もべた
2 ぬべた
3 のべた
4 むべた

1 □□□

문자

2 電子レンジは、50 年前は珍しかったが、今ではどこの家にでもある＿＿＿＿電化製品です。

1 ありふれた
2 おだやかな
3 なつかしい
4 ふさわしい

1 □□□

어휘

3 風邪＿＿＿＿なので、今日は早く寝よう。

1 げ
2 がち
3 め
4 ぎみ

1 □□□

문법

정답

1 **3** A国の大統領は、日本の印象を次のように**述べた**。

A 국의 대통령은 일본의 인상을 다음과 같이 말했다 .

문자

[領] **リョウ** : 大統領 대통령 · 領事館 영사관 · 領収書 영수증

[印] **イン** : 印象 인상 · 印刷 인쇄

しるし : 印 표 / 표시 / 증거 · 目印 안표 / 표적 / 표지

[述] **ジュツ** : 述語 술어

の (-べる) : 述べる 말하다 / 진술하다

2 **1** 電子レンジは、50年前は珍しかったが、今ではどこの家にでもある**ありふれた**電化製品です。

전자 레인지는 50 년 전에는 드물었지만 지금은 어느 집에나 흔히 있는 전자 제품입니다 .

어휘

[ありふれる] 어디에나 있다 / 흔하다

[穏やかな] (おだやかな) 온화하다 ◆**穏やかな**人 온화한 사람

[懐かしい] (なつかしい) 그립다 ◆**懐かしい**曲 그리운 곡

[ふさわしい] 어울리다 ◆パーティーに**ふさわしい**服 파티에 어울리는 옷

3 **4** 風邪**気味**なので、今日は早く寝よう。

감기 기운이 있으니까 오늘은 일찍 자자 .

문법

[N気味] ◆最近疲れ**気味**だ。(= ちょっと疲れている)
최근 피곤한 느낌이다 .

[~げ] ◆子どもたちが、楽し**げ**に歌を歌っている。(= 楽しそうに)
어린이들이 신나게 노래를 부르고 있다 .

[Nがち] ◆私は子供の頃、病気**がち**だった。(= よく病気になった)
나는 어렸을 때 자주 앓았다 .

[Aめ] ＊ A~~い~~め ◆大き**め** (=ちょっと大きい) ◆早**め** ◆強**め**

4 やちんはいくらですか。

1 家貧
2 家貨
3 家賃
4 家費

2 □□□

문자

5 風邪を引いたのか熱っぽいし体が＿＿＿＿＿。

1 みっともない
2 やっかいだ
3 だるい
4 だらしない

2 □□□

어휘

6 京都へは、中学の修学旅行で＿＿＿＿＿行っていない。

1 行かないきり
2 行ったきり
3 行きっきり
4 行ってきり

2 □□□

문법

4 **3** 家賃(やちん)はいくらですか。

임대료는 얼마입니까?

문자

賃 **チン**: 家賃(やちん) 임대료 / 월세 · 運賃(うんちん) 운임 · 賃貸(ちんたい) 임대

貧 **まず** (-しい): 貧(まず)しい 가난하다

貨 **カ**: 貨物(かもつ) 화물 · 硬貨(こうか) 동전

費 **ヒ**: 費用(ひよう) 비용 · 食費(しょくひ) 식비 · 交通費(こうつうひ) 교통비

5 **3** 風邪(かぜ)を引(ひ)いたのか熱(ねつ)っぽいし体(からだ)が**だるい**。

감기에 걸렸는지 열이 있는 것 같고 몸이 나른하다.

어휘

だるい	나른하다	
みっともない	보기 흉하다	◆**みっともない**格好(かっこう) 보기 흉한 모습
やっかいな	성가심	◆**やっかいな**問題(もんだい) 성가신 문제
だらしない	깔끔하지 못하다	◆**だらしない**生活(せいかつ) 깔끔하지 못한 생활

6 **2** 京都(きょうと)へは、中学(ちゅうがく)の修学旅行(しゅうがくりょこう)で**行(い)ったきり**行(い)っていない。

교토에는 중학교 수학여행으로 갔던 이후 가지 않았다.

문법

Vた(っ)きり〜ない (＝〜したままずっと)

◆娘(むすめ)は朝早(あさはや)く出(で)かけ**たきり**まだ帰(かえ)って**こない**。

딸은 아침 일찍 나간 뒤로 아직 돌아오지 않는다.

V(っ)きり V(한) 채로

◆先生(せんせい)につき**っきり**で教(おし)えてもらった。

선생님께서 늘 곁에 붙어 가르쳐 주셨다.

7 コーヒーが濃過ぎたので、お湯で<u>薄めた</u>。

1 うすめた
2 うめた
3 ぬるめた
4 さめた

문자

3 □□□

8 ＿＿＿＿ばかりいると、そのうちにけがをするから、おとなしく座っていなさい。

1 はりきって
2 つぶして
3 だまして
4 ふざけて

어휘

3 □□□

9 田中さんの結婚祝いを買いますから、一人＿＿＿＿1,000円ずつ集めます。

1 につき
2 にのみ
3 でこそ
4 でさえ

문법

3 □□□

문자

7 **1** コーヒーが濃過ぎたので、お湯で**薄めた**。

커피가 너무 진하기 때문에 끓인 물을 타서 연하게 했다.

濃 **ノウ**：濃度 농도

こ (-い)：濃い 짙다 / 진하다

湯 **ゆ**：(お)湯 끓인 물

薄 **うす** (-い)：薄い 얇다 / 연하다

うす (-める)：薄める 엷게 하다

어휘

8 **4** **ふざけて**ばかりいると、そのうちにけがをするから、おとなしく座っていなさい。

까불고만 있다가는 그러다가 다치니까 얌전히 앉아 있어라.

ふざける 까불다

張り切る (はりきる) 의욕적이다 ◆**張り切って**仕事する 의욕적으로 일하다

つぶす 찌부러뜨리다 ◆箱を**つぶす** 상자를 찌부러뜨리다

だます 속이다 ◆ひとを**だます** 남을 속이다

문법

9 **1** 田中さんの結婚祝いを買いますから、一人**につき** 1,000 円ずつ集めます。 OK 一人について

다나카 씨의 결혼 축하 선물을 사니까 한 사람당 1,000 엔씩 모으겠습니다.

Nにつき ◆一人**につき**… ... 한 사람당…

◆一時間**につき** ... 한 시간당

N(で)さえ N 조차

◆それは、子供**でさえ**できる問題だ。

그것은 아이들조차도 풀 수 있는 문제다.

10 スキーで足を<u>こっせつ</u>した。

1 背折
2 肩折
3 育折
4 骨折

4 □□□

문자

11 私が失恋したとき、山田さんが________くれてうれしかった。

1 あこがれて
2 なぐさめて
3 力を入れて
4 力を込めて

4 □□□

어휘

12 その新しい商品は、東京________、全国の主な都市で売られている。

1 にはじめ
2 をはじめ
3 にはじめて
4 をはじめて

4 □□□

문법

정답

10 **4** スキーで足(あし)を**骨折(こっせつ)**した。

스키에서 다리가 골절되었다.

문자

骨	**コツ** : 骨折(こっせつ)する 골절되다
	ほね : 骨(ほね) 뼈
背	**せ** : 背(せ) 등 · 背中(せなか) 등 / 뒷면 / 뒤
肩	**かた** : 肩(かた) 어깨
育	**イク** : 教育(きょういく) 교육
	そだ (-つ / -てる) : 育(そだ)つ 자라다 · 育(そだ)てる 키우다

11 **2** 私(わたし)が失恋(しつれん)したとき、山田(やまだ)さんが**慰(なぐさ)めて**くれてうれしかった。

내가 실연했을 때 야마다 씨가 위로해 주어서 기뻤다.

어휘

慰める (なぐさめる) 위로하다

憧れる (あこがれる) 동경하다 ◆海外生活(かいがいせいかつ)に**憧(あこが)れる** 해외생활에 동경하다

力を入れる (ちからをいれる) 힘을 들이다

◆**力(ちから)を入(い)れて**練習(れんしゅう)する 힘을 넣어 연습하다

力を込める (ちからをこめる) 힘을 다하다

◆**力(ちから)を込(こ)めて**演説(えんぜつ)する 힘을 다해 연설하다

12 **2** その新(あたら)しい商品(しょうひん)は、東京(とうきょう)**をはじめ**、全国(ぜんこく)の主(おも)な都市(とし)で売(う)られている。

그 새로운 제품은 도쿄를 비롯한 전국의 주요 도시에서 팔리고 있다.

문법

Nをはじめ(として) N을 비롯하여

＊ N ＝ 대표적인 것

◆その会議(かいぎ)には、イギリス**をはじめ**、ヨーロッパの国々(くにぐに)が参加(さんか)した。

그 회의에는 영국을 비롯하여 유럽 국가들이 참가했다.

◆この学校(がっこう)は野球(やきゅう)**をはじめとして**、水泳(すいえい)、サッカーなどが盛(さか)んである。

이 학교는 야구를 비록하여 수영, 축구 등이 활발하다.

13 破れた靴や折れた傘(かさ)などの修理、<u>承ります</u>。お気軽にご相談ください。

1　うけたまわります
2　おけたまわります
3　ぬけたまわります
4　つけたまわります

5 □□□

문자

14 こんな結果になって＿＿＿＿＿。努力が足りなかったと思う。

1　あやしい
2　おしい
3　ばからしい
4　なさけない

5 □□□

어휘

15 虫に刺されたところが、＿＿＿＿＿。

1　かゆいだけでならない
2　かゆいしかならない
3　かゆくてたまらない
4　かゆくてしかない

5 □□□

문법

정답

문자

13 **1** 破(やぶ)れた靴(くつ)や折(お)れた傘(かさ)などの修理(しゅうり)、**承(うけたまわ)ります**。お気軽(きがる)にご相談(そうだん)ください。

찢어진 신발과 부러진 우산 등의 수리를 맡습니다 . 부담 없이 상담해 주십시오 .

破 **ハ** : 破片(はへん) 파편 · 破産(はさん) 파산

やぶ (-れる / -る) : 破(やぶ)れる 찢어지다 · 破(やぶ)る 깨다 / 깨뜨리다

靴 **くつ** : 靴(くつ) 신발 / 구두 · 靴下(くつした) 양말 · 運動靴(うんどうぐつ) 운동화 · 雨靴(あまぐつ) 장화

承 **ショウ** : 承知(しょうち)する 알다 · 了承(りょうしょう)する 알다

うけたまわ (-る) : 承(うけたまわ)る 삼가 듣다 / 배청하다 / 떠맡다

어휘

14 **4** こんな結果(けっか)になって**情(なさ)けない**。努力(どりょく)が足(た)りなかったと思(おも)う。

이런 결과가 되어 한심하다 . 노력이 부족했다고 생각한다 .

情けない (なさけない) 한심하다

怪しい (あやしい) 이상하다

おしい 아깝다 , 분하다

◆あと 1 点(てん)で 100 点(てん)だ。**おしい** !

1 점만 더 받으면 100 점이다 . 아깝다 !

ばからしい 바보 같다

문법

15 **3** 虫(むし)に刺(さ)されたところが、**かゆくてたまらない**。

벌레에 물린 곳이 가려워서 견딜 수 없다 .

Vてたまらない | **Vてしょうがない** | **Vて仕方(が)ない** | **Vてならない**

◆アメリカにいる娘(むすめ)のことが**心配(しんぱい)でしょうがない**。(=とても心配(しんぱい)だ)

미국에 있는 딸이 걱정되어 견딜 수 없다 .

◆試験(しけん)の結果(けっか)が、**気(き)になって仕方(しかた)がない**。(=とても気(き)になる)

시험 결과가 궁금해서 견딜 수 없다 .

◆希望(きぼう)の大学(だいがく)に入(はい)れなくて、**残念(ざんねん)でならない**。(=とても残念(ざんねん)だ)

원하는 대학에 들어가지 못해서 매우 유감스럽다 .

16 娘は七歳の誕生日のお祝いに貯金箱をもらいました。

1　おみあい
2　おゆわい
3　おいわい
4　おにあい

6 □□□

17 A「試験、どうだった？」
B「時間がなくて＿＿＿＿＿けれど、何とか全部書いたよ。」

1　あせった
2　さわいだ
3　あきれた
4　あらためた

6 □□□

18 会社でいやなことがあると、酒を＿＿＿＿＿。

1　飲んでならない
2　飲むことはならない
3　飲まないことではない
4　飲まずにはいられない

6 □□□

문자

16 **3** 娘は七歳の誕生日の**お祝い**に貯金箱をもらいました。

딸은 일곱 살 생일 축하선물로 저금통을 받았습니다.

歳	**サイ**：一歳、二歳…二十歳… 1 살, 2 살, 3 살… ＊二十歳 20 살
	セイ：歳暮 세모
祝	**シュク**：祝日 축일
	いわ (-う)：祝う 축하하다・(お)祝い 축하 (선물)
貯	**チョ**：貯金する 저금하다・貯蔵する 저장하다

어휘

17 **1** A「試験、どうだった？」

B「時間がなくて**焦った**けれど、何とか全部書いたよ。」 OK 慌てた

A「시험, 어땠어?」 B「시간이 없어서 초조했지만 어떻게든 다 썼어.」

焦る	(あせる)	초조해 하다
騒ぐ	(さわぐ)	소란 피우다
あきれる		어이없다
改める	(あらためる)	개선하다

문법

18 **4** 会社で嫌なことがあると、酒を**飲まずにはいられない**。

OK 飲まないではいられない

회사에서 언짢은 일이 있으면 술을 마시지 않고는 견딜 수 없다.

Vずにはいられない **Vないではいられない** ＊V~~ない~~ずには

(＝どうしてもVしてしまう) (＝ 기어코 V하고 만다)

- その料理はあまりにまずくて、文句を**言わずにはいられなかった**。

  그 요리는 너무 맛이 없어서 불만을 말하지 않을 수 없었다.

- その映画を見た人はみんな、**泣かないではいられない**だろう。

  그 영화를 본 사람은 모두 울지 않을 수 없을 것이다.

19 こくばんにチョークで字を書いた。

1 黒販
2 黒坂
3 黒版
4 黒板

7 □□□

20 都会での生活に＿＿＿＿＿東京に出てきたが、家賃も物価も高くて大変だ。

1 ねがって
2 あこがれて
3 したがって
4 たよって

7 □□□

21 田中さんは、音楽の先生＿＿＿＿＿、歌がうまい。

1 ように
2 ほどに
3 だけに
4 くらいに

7 □□□

문자

19 **4** **黒板**(こくばん)にチョークで字(じ)を書(か)いた。

칠판에 분필로 글씨를 썼다.

板	**バン**	: 黒板(こくばん) 칠판 · 伝言板(でんごんばん) 전언판
	いた	: 板(いた) 판 · まな板(いた) 도마
販	**ハン**	: 販売(はんばい)する 판매하다 · 自動販売機(じどうはんばいき) 자동판매기
坂	**さか**	: 坂(さか) 비탈길 / 고개
版	**ハン**	: 出版(しゅっぱん)する 출판하다 · 出版社(しゅっぱんしゃ) 출판사

어휘

20 **2** 都会(とかい)での生活(せいかつ)に**憧れて**(あこが)東京(とうきょう)に出(で)てきたが、家賃(やちん)も物価(ぶっか)も高(たか)くて大変(たいへん)だ。

도시 생활을 동경해서 도쿄로 나왔지만 임대료도 물가도 비싸서 힘들다.

憧れる (あこがれる) 동경하다

願う (ねがう) 바라다 ◆成功(せいこう)を**願う**(ねが) 성공을 바라다

従う (したがう) 따르다 ◆親(おや)に**従う**(したが) 부모를 따르다

頼る (たよる) 의지하다 ◆友人(ゆうじん)を**頼る**(たよ) 친구를 의지하다

문법

21 **3** 田中(たなか)さんは、音楽(おんがく)の先生(せんせい)**だけに**、歌(うた)がうまい。

다나카 씨는 음악 교사인 만큼 노래를 잘한다.

～だけに **～だけあって** ~ 인 만큼

◆田中(たなか)さんは若(わか)い**だけあって**、けがが治(なお)るのが早(はや)い。

다나카 씨는 젊은 만큼 부상이 낫는 것이 빠르다.

～だけのことはある ~ 만큼의 것이 있다

◆試験(しけん)で1番(ばん)になった。一生懸命(いっしょうけんめい)勉強(べんきょう)した**だけのことはあった**。

시험에서 1 등을 했다. 열심히 공부한 만큼의 보람이 있었다.

22 祭りで<u>迷子</u>になった児童を保護(ほご)しています。

1　まいこ
2　まいご
3　めいご
4　めいこ

문자

8 □□□

23 歩き始めの幼児は＿＿＿＿＿ので、親は大変だ。

1　目がない
2　目がきかない
3　目が回らない
4　目がはなせない

어휘

8 □□□

24 留学する＿＿＿＿＿、注意すべきことは何でしょう。

1　にわたり
2　にとって
3　にしても
4　にあたって

문법

8 □□□

문자

22 **2** 祭(まつ)りで**迷子(まいご)**になった児童(じどう)を保護(ほご)しています。

축제에서 미아가 된 아동을 보호하고 있습니다.

[祭] **サイ** : 大学祭(だいがくさい) 대학축제 · 祭日(さいじつ) 축제일

まつ (-り) : 祭(まつ)り 축제

[迷] **メイ** : 迷惑(めいわく)な 성가신 / 민폐스런 · 迷信(めいしん) 미신

まよ (-う) : 迷(まよ)う 갈피를 못잡다 / 헤매다　＊迷子(まいご) 미아

[童] **ドウ** : 童話(どうわ) 동화 · 児童(じどう) 아동

어휘

23 **4** 歩(ある)き始(はじ)めの幼児(ようじ)は**目(め)が離(はな)せない**ので、親(おや)は大変(たいへん)だ。

걸음을 뗀 유아에게서는 눈을 뗄 수 없어서 부모는 힘들다.

[**目が離せない**] (めがはなせない) 눈을 뗄 수 없다

[**目がない**] (めがない) 매우 좋아하다

◆ 甘(あま)いものに**目(め)がない** 단 것을 매우 좋아하다.

[**目が回る**] (めがまわる) 눈이 핑핑 돌다 / 매우 바쁘다.

◆ 忙(いそが)しくて**目(め)が回(まわ)り**そうだ。 바빠서 눈이 돌 정도다.

문법

24 **4** 留学(りゅうがく)する**にあたって**、注意(ちゅうい)すべきことは何(なん)でしょう。

유학함에 있어서 주의해야 할 것은 무엇일까요?

[**～にあたって**] [**～にあたり**] [**～に際し(て)**] ~에 즈음하여

◆ 本日(ほんじつ)の会(かい)を始(はじ)める**にあたり**、会長(かいちょう)からご挨拶(あいさつ)があります。

오늘 모임을 시작함에 있어 회장으로부터 인사가 있겠습니다.

◆ この授業(じゅぎょう)を受(う)ける**に際(さい)して**、次(つぎ)のことを守(まも)ってください。

이 수업을 듣는데 있어서 다음 사항을 지켜 주십시오.

25 金額を確認して、ここにしょめいしてください。

1 著名
2 暑名
3 署名
4 書名

문자

9 □□□

26 今急いで結論を出さないで、少し＿＿＿＿を見てからにしましょう。

1 時間
2 様子
3 程度
4 都合

어휘

9 □□□

27 工事中＿＿＿＿、通行止めとなっております。

1 にさえ
2 について
3 につき
4 によると

문법

9 □□□

문자

25 **3** 金額(きんがく)を確認(かくにん)して、ここに<u>**署名**</u>(しょめい)してください。

금액을 확인하고 여기에 서명해 주십시오 .

[額] **ガク**：金額(きんがく) 금액・額(がく) 액

ひたい：額(ひたい) 이마

[認] **ニン**：確認(かくにん)する 확인하다

みと (-める)：認(みと)める 인정하다

[署] **ショ**：署名(しょめい) 서명・消防署(しょうぼうしょ) 소방서・警察署(けいさつしょ) 경찰서・税務署(ぜいむしょ) 세무서

[著] **チョ**：著者(ちょしゃ) 저자・著名(ちょめい)な 저명한

あらわ (-す)：著(あらわ)す 저술하다 **いちじる** (-しい)：著(いちじる)しい 현저하다

어휘

26 **2** 今急(いまいそ)いで結論(けつろん)を出(だ)さないで、少(すこ)し<u>**様子**</u>(ようす)を見(み)てからにしましょう。

지금 서둘러 결론을 내지 말고 조금 상황을 보고 나서 합시다 .

[**様子**] (ようす) (＝状態(じょうたい))(= 상태 / 상황)

◆川(かわ)の**様子**(ようす)を見(み)に行(い)こう。강의 상황을 보러 가자 .

◆手術(しゅじゅつ)するかどうかは**様子**(ようす)を見(み)てからにしましょう。

수술할지 말지는 상태를 보고 나서 합시다 .

◆あの人(ひと)、ちょっと**様子**(ようす)が変(へん)じゃない？

저 사람 조금 상태가 이상하지 않아 ?

문법

27 **3** 工事中(こうじちゅう)<u>**につき**</u>、通行止(つうこうど)めとなっております。

OK 工事中(こうじちゅう)のため／工事中(こうじちゅう)につきまして

공사 중이므로 통행 금지되어 있습니다 .

[**～につき**] (＝～のため) ＊이유를 나타내다

◆<u>雨天(うてん)**につき**</u>、試合(しあい)は中止(ちゅうし)します。

우천으로 인해 시합은 중지합니다 .

◆これは<u>セール商品(しょうひん)**につき**</u>、返品(へんぴん)できません。

이것은 세일 상품이므로 반품할 수 없습니다 .

28 人前で話すのは慣れているのに、今回は__珍しく__胃が痛くなって、逃げ出したい気持ちだった。

1　はずかしく
2　めずらしく
3　おとなしく
4　なつかしく

10 □□□

29 もうあなたには＿＿＿＿＿いけない。別れましょう。

1　ついて
2　やって
3　追って
4　過ごして

10 □□□

30 土地開発が進む＿＿＿＿＿、緑が少なくなってきた。

1　せいか
2　につれて
3　とたんに
4　ばかりか

10 □□□

문자

28 **2** 人前で話すのは慣れているのに、今回は**珍しく**胃が痛くなって、逃げ出したい気持ちだった。

사람 앞에서 말하는 것은 익숙해 있는데 이번에는 이상하게 위가 아파서 도망치고 싶은 기분이었다.

| 珍 | **めずら** (-しい)：珍しい 이상하다 / 드물다 / 희귀하다
| 胃 | **イ**：胃 위
| 逃 | **トウ**：逃走する 도주하다

に (-げる / -がす)：逃げる 달아나다 · 逃がす 놓치다

のが (-れる / -す)：逃れる 달아나다 · 逃す 놓치다 · 見逃す 못 본 체 하다

어휘

29 **1** もうあなたには**ついて**いけない。別れましょう。

더는 당신을 따라갈 수 없다. 헤어집시다.

| ついていく |

◆友人の買い物に**ついていく**。친구의 쇼핑에 따라가다.

◆彼の考えには**ついていけない**。그의 생각에는 따를 수 없다.

문법

30 **2** 土地開発が進む**につれて**、緑が少なくなってきた。

토지 개발이 진행되면서 녹지가 줄어들고 있다.

| aにつれ(て)b | aに 従って/従い b | aに 伴って/伴い b |

＊a 와 함께 b 도 변화함

◆車が増える**に従って**、事故も増える。

자동차가 늘어남에 따라 사고도 늘어난다.

◆イベントの実施**に伴い**、道路の渋滞が予想される。

이벤트의 실시에 따라 도로의 정체가 예상된다.

31 建設中のビルのパネルが歩道に<u>倒れ</u>、歩いていた人が死亡した。

1 こわれ
2 われ
3 たおれ
4 やぶれ

11 □□□

문자

32 電車が遅れていたせいか、あまりの混雑に乗車するのを________くらいだった。

1 あせる
2 あわてる
3 ためらう
4 こらえる

11 □□□

어휘

33 タバコの煙は、吸わない人________迷惑だ。

1 にしたら
2 でさえ
3 に際し
4 にしても

11 □□□

문법

문자

31 **3** 建設中のビルのパネルが歩道に**倒れ**、歩いていた人が死亡した。

건설 중인 빌딩의 패널이 인도에 무너져 걷고 있던 사람이 사망했다.

設 **セツ**：**建設する** 건설하다・**設計する** 설계하다・**設定する** 설정하다

倒 **トウ**：**面倒な** 귀찮은・**倒産する** 도산하다

たお（-れる / -す）：**倒れる** 넘어지다 / 무너지다・**倒す** 넘어뜨리다

亡 **ボウ**：**死亡する** 사망하다

な（-い）：**亡くなる** 사망하다・**亡くす** 잃다

어휘

32 **3** 電車が遅れていたせいか、あまりの混雑に乗車するのを**ためらう**くらいだった。

전철이 지연됐던 탓인지 너무 혼잡해서 승차를 주저할 정도였다.

ためらう 주저하다 / 망설이다

慌てる（あわてる） 서두르다

◆**慌てていて**階段から落ちた。 서두르다 계단에서 떨어졌다.

こらえる 참다（＝がまんする）

◆痛みを**こらえる** 통증을 참다.

문법

33 **1** タバコの煙は、吸わない人**にしたら**迷惑だ。

담배 연기는 비흡연자에게는 민폐다.

Nにしたら （＝Nにとっては）

Nでさえ ◆タバコを吸う人のそばにいると、吸わない人**でさえ**害を受ける。 흡연자 옆에 있으면 비흡연자라도 해를 입는다.

～に際し(て) ◆タバコを吸う**に際して**、害について知っておくべきだ。
담배를 피움에 있어 해로움에 대해 알아 두어야 한다.

～にしても ◆タバコを吸う**にしても**、健康やマナーを考えるべきだ。
담배를 피우더라도 건강과 매너를 생각해야 한다.

34 あの人はめったにおこらない。

1 努らない
2 起こらない
3 怒らない
4 怖こらない

12 □□□

35 病気になったり、事故にあったりと、最近＿＿＿＿ことがない。

1 ましな
2 ろくな
3 らくな
4 めんどうな

12 □□□

36 教育＿＿＿＿諸問題について考えよう。

1 にかける
2 にわたる
3 における
4 にあたる

12 □□□

문자
어휘
문법

34 **3** あの人(ひと)はめったに**怒(おこ)らない**。

저 사람은 좀처럼 화내지 않는다.

문자

怒	**おこ** (-る) : 怒(おこ)る 화내다
努	**ド** : 努力(どりょく)する 노력하다
	つと (-める) : 努(つと)める 힘쓰다
起	**キ** : 起床(きしょう) 기상
	お (-きる / -こす) : 起(お)きる 일어나다・起(お)こす 일으키다
怖	**フ** : 恐怖(きょうふ) 공포
	こわ (-い) : 怖(こわ)い 무섭다

35 **2** 病気(びょうき)になったり、事故(じこ)にあったりと、最近(さいきん)**ろくな**ことがない。

병이 나거나 사고가 일어나거나 해서 최근에는 되는 일이 없다.

어휘

ろくな 변변한 / 제대로 된

◆最近(さいきん)、**ろくな**番組(ばんぐみ)がない。(＝十分(じゅうぶん)に～ない)

최근 변변한 프로그램이 없다.

ましな ～보다는 낫다

◆そんなことをするなら、死(し)んだ方(ほう)が**ましだ**。

그런 것을 한다면 죽는 편이 낫다.

楽な (らくな) 편하다

◆生活(せいかつ)はなかなか**楽(らく)に**ならない。 생활은 좀처럼 편해지지 않는다.

36 **3** 教育(きょういく)**における**諸問題(しょもんだい)について考(かん)えよう。 **OK** 教育(きょういく)の諸問題(しょもんだい)

교육에 있어서의 여러 문제에 대해 생각해 보자.

문법

～におけるN (＝～での)(=~ 에 있어서의)

◆アジア**における**日本(にほん)の役割(やくわり)について考(かん)えた。

아시아에 있어서 일본의 역할에 대해 생각했다.

～において (＝～で)(=~ 에서)

◆大(だい)ホール**において**説明会(せつめいかい)を行(おこな)います。

큰 홀에서 설명회를 실시합니다.

37 泥棒はすぐに<u>捕まった</u>。

1 つかまった
2 とまった
3 はさまった
4 つまった

문자

13 □□□

38 A「車を買い換えようか。」
B「そんな＿＿＿＿＿はないよ。」

1 都合
2 暮らし
3 気分
4 余裕

어휘

13 □□□

39 こんな難しい問題、でき＿＿＿＿＿。

1 わけがない
2 っこない
3 ないっぽい
4 ものか

문법

13 □□□

문자

37 **1** 泥棒はすぐに<u>**捕まった**</u>。

도둑은 곧 붙잡혔다 .

| 泥 | **どろ** : 泥 진흙 · 泥棒 도둑

| 棒 | **ボウ** : 棒 봉 · 泥棒 도둑

| 捕 | **ホ** : 逮捕する 체포하다

つか (-まる / -まえる) : 捕まる 잡히다 / 붙들리다 · 捕まえる 붙잡다 / 붙들다

と (-る / -らえる) : 捕る 잡다 · 捕らえる 잡다

어휘

38 **4** A「車を買い換えようか。」

B「そんな<u>**余裕**</u>はないよ。」

A「자동차를 새로 사서 바꿀까 ?」 B「그런 여유는 없어요 .」

| **余裕** | (よゆう) 여유

◆待ち合わせの時間まで**余裕**がない。약속 시각까지 여유가 없다 .

◆ソファーを置く**余裕**がない。소파를 둘 여유가 없다

| **暮らし** | (くらし) 생활 ◆日本での**暮らし** 일본에서의 생활

문법

39 **2** こんな難しい問題、でき<u>**っこない**</u>。

OK できるわけがない／できるものか

이렇게 어려운 문제 , 풀 수 있을 리가 없다 .

| **～っこない** | ＊V~~ます~~っこない (＝Vできるわけがない)

◆そんなにたくさん<u>食べられっ**こない**</u>。(＝食べられるものか)

그렇게 많이 먹을 수가 없다 .

| **～ものか** | | **～もんか** | ＊강한 부정

＊見る**ものか** / 暑い**ものか** / きれいな**ものか** / 病気な**ものか**

보겠는가 ? / 더울게 뭐냐 ? / 아름답겠는가 ? / 병이 날까보냐 ?

40 きせつの中で、いつが一番好きですか。

1 気節
2 季節
3 委節
4 李節

14 □□□

문자

41 コードが＿＿＿＿＿に届かないから、延長コードを使おう。

1 スイッチ
2 レバー
3 コンセント
4 サイズ

14 □□□

어휘

42 結局はあきらめる＿＿＿＿＿、一度はやってみるべきだ。

1 たびに
2 にしたら
3 にこそ
4 にしろ

14 □□□

문법

40 **2** 季節(きせつ)の中(なか)で、いつが一番(いちばん)好(す)きですか。

계절 중에서 언제가 제일 좋습니까?

문자

季	**キ**：季節(きせつ) 계절・四季(しき) 사계
節	**セツ**：調節(ちょうせつ)する 조절하다・節約(せつやく)する 절약하다
	ふし：節(ふし) 마디
委	**イ**：委員(いいん) 위원・委員会(いいんかい) 위원회

41 **3** コードが**コンセント**に届(とど)かないから、延長(えんちょう)コードを使(つか)おう。

코드가 콘센트에 닿지 않으니까 연장 코드를 사용하자.

어휘

コンセント	콘센트
スイッチ	스위치
レバー	레버
サイズ	사이즈

42 **4** 結局(けっきょく)はあきらめる**にしろ**、一度(いちど)はやってみるべきだ。

OK (たとえ) あきらめるにしても／あきらめるにせよ

결국은 포기하게 되더라도 한번은 해 봐야 한다.

문법

～にしろ **～せよ** ~라 하더라도

◆来(こ)ない**にしろ**連絡(れんらく)をください。 오지 않더라도 연락을 주십시오.

aにしろbにしろ **aにせよbにせよ** (＝a でも b でも)(=a 든 b 든)

◆好(す)き**にしろ**、嫌(きら)い**にしろ**、全部食(ぜんぶた)べてください。(＝好(す)きでも嫌(きら)いでも)

좋아하든 싫어하든 전부 먹어주십시오.

◆多(おお)い**にせよ**、少(すく)ない**にせよ**問題(もんだい)はある。 많든 적든 문제는 있다.

43 この虫に近づくと、毒の針で<u>刺される</u>。

1　しされる
2　すされる
3　せされる
4　さされる

15 □□□

문자

44 ネットショッピングで安く買ったと思ったが、送料がかかってかえって高く＿＿＿＿＿。

1　ついた
2　かけた
3　いれた
4　とれた

15 □□□

어휘

45 あなたの言っていることは、言い訳＿＿＿＿＿。

1　にすぎない
2　しかない
3　ということだ
4　にかぎる

15 □□□

문법

43 **4** この虫(むし)に近(ちか)づくと、毒(どく)の針(はり)で**刺(さ)される**。

이 벌레에 다가가면 독침에 찔린다.

문자

毒	**ドク**	毒(どく) 독・気(き)の毒(どく)な 딱한
針	**シン**	方針(ほうしん) 방침
	はり	針(はり) 침 / 바늘
刺	**シ**	名刺(めいし) 명함
	さ (-す)	刺(さ)す 찌르다・刺身(さしみ) 사시미 / 생선회

44 **1** ネットショッピングで安(やす)く買(か)ったと思(おも)ったが、送料(そうりょう)がかかってかえって高(たか)く**ついた**。

인터넷 쇼핑에서 싸게 샀다고 생각했는데 배송료가 붙어서 오히려 비싸게 치였다.

어휘

高くつく (たかくつく) 비싸게 치이다

- 外食(がいしょく)は**高(たか)くつく** 외식은 비싸게 치이다
- タクシーで行(い)く方(ほう)が安(やす)くつく場合(ばあい)がある。
  택시로 가는 쪽이 싸게 치이는 경우가 있다.

45 **1** あなたの言(い)っていることは、言(い)い訳(わけ)**に過(す)ぎない**。

OK 言(い)い訳(わけ)でしかない

당신이 말하고 있는 것은 변명에 불과하다.

문법

～に過ぎない **Nでしかない** (= ~에 불과하다 /~ 밖에 없다)

- 実行(じっこう)しなければ、ただの夢(ゆめ)**でしかない**。(＝夢(ゆめ)に過(す)ぎない)
  실행하지 않으면 그저 꿈에 불과하다.

～に限る (＝～が一番(いちばん)いい)

- 寒(さむ)いときは温(あたた)かいものを食(た)べる**に限(かぎ)る**。
  추울 때는 따뜻한 것을 먹는 것이 제일이다.

46 タバコを吸いたいんですが、<u>灰皿</u>はありますか。

1 かいざら
2 ひざら
3 はいざら
4 かさら

16 □□□

문자

47 私はあなたの秘密(ひみつ)を________いません。

1 もれて
2 もらして
3 もたれて
4 もたらして

16 □□□

어휘

48 うれしい________、希望の大学に合格しました。

1 ことは
2 というと
3 ことに
4 ことだから

16 □□□

문법

정답

46 **3** タバコを吸いたいんですが、**<u>灰皿</u>**はありますか。

담배를 피우고 싶은데 재떨이는 있습니까?

문자

吸	**キュウ**：呼吸 호흡
	す (-う)：息を 吸う 숨을 쉬다・タバコを吸う 담배를 피우다
灰	**はい**：灰 재・灰皿 재떨이
皿	**さら**：(お) 皿 접시・灰皿 재떨이

47 **2** 私はあなたの秘密を**<u>もらして</u>**いません。

나는 당신의 비밀을 누설하지 않았습니다.

어휘

もらす 새게 하다 ＊もれる 새다

◆水が**もれる** 물이 새다 ◆音が**もれる** 소리가 새다

もたれる 기대다 ◆壁に**もたれる** 벽에 기대다

もたらす 초래하다

◆台風 20 号は大きい被害を**もたらした**。

태풍 20 호는 큰 피해를 초래했다.

48 **3** うれしい**<u>ことに</u>**、希望の大学に合格しました。

기쁘게도 원하는 대학에 합격했습니다.

문법

～ことに ＊강조

◆<u>残念な**ことに**</u>、試験に落ちてしまった。

안타깝게도 시험에 떨어지고 말았다.

◆<u>驚いた**ことに**</u>、その子は難しい文章をすらすら読んだ。

놀랍게도 그 아이는 어려운 문장을 술술 읽었다.

Nのことだから N(일) 이니까

◆まじめな<u>彼**のことだから**</u>、休みでも勉強しているだろう。

성실한 그이니까 방학이라도 공부하고 있을 것이다.

49 あせが出てきた。

1 液
2 汗
3 涙
4 泥

17 □□□

50 休日なので家で＿＿＿＿＿いたのに、電話で会社に呼び出されてしまった。

1 くらして
2 ふざけて
3 のんきして
4 くつろいで

17 □□□

51 日本語の能力に＿＿＿＿＿クラスが選べます。

1 関して
2 応じて
3 際して
4 反して

17 □□□

49 **2** 汗(あせ)が出(で)てきた。

땀이 나기 시작했다.

문자

汗	**あせ**	: 汗(あせ) 땀
液	**エキ**	: 血液(けつえき) 혈액 · 液体(えきたい) 액체
涙	**なみだ**	: 涙(なみだ) 눈물
泥	**どろ**	: 泥(どろ) 진흙 · 泥棒(どろぼう) 도둑

50 **4** 休日(きゅうじつ)なので家(いえ)で**くつろいで**いたのに、電話(でんわ)で会社(かいしゃ)に呼(よ)び出(だ)されてしまった。

휴일이라서 집에서 편안히 쉬고 있었는데 전화로 회사에 불려나가고 말았다.

어휘

くつろぐ	편안히 지내다
暮らす	(くらす) 지내다
ふざける	까불다
のんきにする	느긋하다

51 **2** 日本語(にほんご)の能力(のうりょく)に**応(おう)じて**クラスが選(えら)べます。

일본어 능력에 따라 클래스를 선택할 수 있습니다.

문법

Nに応じて	N에 따라 (＝Nに合(あ)わせて)
Nに反して	N에 반하여 (＝Nとは反対(はんたい)の)

- **意(い)に反(はん)して**… 뜻에 반해서
- **予想(よそう)に反(はん)した**結果(けっか)となった。 예상에 반한 결과가 되었다.

52 ここは新緑も紅葉もきれいだし、春には桜(さくら)が咲きます。

1 こよう
2 こうよう
3 くうよう
4 くよう

18 □□□

문자

53 A「例の新しい企画(きかく)の話なんですが…。」
B「今、ここでその話は、________。」

1 よしましょう
2 はがしましょう
3 やっつけましょう
4 ほうりましょう

18 □□□

어휘

54 この道路________行けば、目的地に着きます。

1 にわたって
2 にそって
3 にあたって
4 に先だって

18 □□□

문법

52 **2** ここは新緑(しんりょく)も**紅葉(こうよう)**もきれいだし、春(はる)には桜(さくら)が咲(さ)きます。

이곳은 신록도 단풍도 아름답고 봄에는 벚꽃이 핍니다.

문자

緑 **リョク**：緑茶(りょくちゃ) 녹차・新緑(しんりょく) 신록
みどり：緑(みどり) 초록

紅 **コウ**：紅茶(こうちゃ) 홍차・紅葉(こうよう) 단풍　＊紅葉(もみじ) 단풍
べに：口紅(くちべに) 립스틱

咲 **さ**(-く)：咲(さ)く 피다

53 **1** A「例(れい)の新(あたら)しい企画(きかく)の話(はなし)なんですが…。」
B「今(いま)、ここでその話(はなし)は、**よしましょう**。」　**OK** やめましょう

A「예의 새로운 기획에 대한 이야기입니다만 ...」
B「지금, 여기서 그 이야기는 하지 맙시다.」

어휘

よす	그만두다 (＝やめる)	◆**よせ** (＝やめろ) 그만 둬
はがす	떼다	◆切手(きって)を**はがす** 우표를 떼다
やっつける	해치우다	◆虫(むし)を**やっつける** 벌레를 퇴치하다
放る (ほうる)	던지다 / 방치하다	◆**放(ほう)って**おく 내버려두다

54 **2** この道路(どうろ)**に沿(そ)って**行(い)けば、目的地(もくてきち)に着(つ)きます。

이 도로를 따라가면 목적지에 도착합니다.

문법

Nに沿って　~에 따라 (＝~のとおりに)

◆この矢印(やじるし)**に沿(そ)って**進(すす)んでください。

이 화살표를 따라가 주십시오.

Nに先立って　~에 앞서 (＝~の前(まえ)に)

◆開店(かいてん)**に先立(さきだ)って**オープニングセレモニーを行(おこな)います。

개점에 앞서 오프닝 세레모니를 합니다.

55 湖にボートがうかんでいる。

1 浮かんで
2 沈かんで
3 流かんで
4 注かんで

문자

19 □□□

56 A「新しい仕事はどう？」
B「きついけれど、＿＿＿＿＿＿があります。」

1 あこがれ
2 いじめ
3 こだわり
4 やりがい

어휘

19 □□□

57 専門家の予測＿＿＿＿＿＿景気は悪くなった。

1 に基づいて
2 に応えて
3 によって
4 に反して

문법

19 □□□

55 **1** 湖(みずうみ)にボートが**浮(う)かんで**いる。

호수에 보트가 떠 있다.

문자

湖	**コ**：琵琶湖(びわこ) 비와코
	みずうみ：湖(みずうみ) 호수
浮	**う** (-く / -かぶ / -かべる)：浮(う)く 뜨다・浮(う)かぶ 뜨다 / 떠오르다・浮(う)かべる 띄우다
沈	**しず** (-む)：沈(しず)む 가라앉다
注	**チュウ**：注意(ちゅうい)する 주의하다・注射(ちゅうしゃ) 주사
	そそ (-ぐ)：注(そそ)ぐ 흘러 들어가다 / 따르다 / 붓다

56 **4** A「新(あたら)しい仕事(しごと)はどう？」

B「きついけれど、**やりがい**がありますよ。」

A「새로운 일은 어때 ?」 B「힘들지만, 보람이 있어요.」

어휘

やりがい	보람　＊生(い)きがい 사는 보람
憧れ	(あこがれ) 동경
いじめ	괴롭힘
こだわり	구애됨　＊食材(しょくざい)にこだわる 식재료에 구애되다

57 **4** 専門家(せんもんか)の予測(よそく)**に反(はん)して**景気(けいき)は悪(わる)くなった。

전문가의 예측과 달리 경기는 나빠졌다.

문법

Nに反して　N과 달리 (＝Nとは反対(はんたい)の)

Nに基づいて　N에 따라 / 기초하여

◆私(わたし)たちは過去(かこ)のデータ**に基(もと)づいて**予測(よそく)している。

우리는 과거의 데이터에 따라 예측하고 있다.

Nに応えて　N에 따라서 / 부응하여

◆そのチームはファンの応援(おうえん)**に応(こた)えて**優勝(ゆうしょう)した。

그 팀은 팬의 응원에 부응하여 우승했다.

58 週に一度、<u>床</u>を磨く。

1 ゆか
2 はしら
3 のき
4 さか

20 □□□

59 そろそろ休みをもらわないと＿＿＿＿よ。

1 体がもたない
2 やる気にならない
3 まともにならない
4 手が空かない

20 □□□

60 いつも持っているのに、今日＿＿＿＿傘(かさ)がない。

1 にかぎって
2 にかぎらず
3 かぎりで
4 をかぎりに

20 □□□

58 **1** 週に一度、**床**を磨く。
일주일에 한 번 바닥을 닦는다 .

문자

床	**ショウ**：起床する 기상하다
	ゆか：床 바닥　**とこ**：床の間 객실・床屋 이발소
磨	**みが** (-く)：磨く 닦다
柱	**チュウ**：電柱 전신주
	はしら：柱 기둥
軒	**ケン**：1軒、2軒… 1 채 , 2 채 ...
	のき：軒 처마

59 **1** そろそろ休みをもらわないと**体がもたない**よ。
곧 휴가를 받지 않으면 몸이 견디어 내지 못해요 .

어휘

体がもたない (からだがもたない) 몸이 견디어 내지 못하다
- 長時間労働で **体がもたない**
  장시간 노동으로 몸이 견디어 내지 못하다

手が空く (てがあく) 짬이 나다
- **手が空いたら**、手伝ってください。 짬이 나면 도와주십시오 .

60 **1** いつも持っているのに、今日**に限って**傘がない。
항상 가지고 있는데 오늘따라 우산이 없다 .

문법

Nに限って (＝Nだけ) ◆今日に限って 오늘따라

Nに限らず (＝Nだけでなく)
- 今日に限らず 오늘뿐만 아니라

N限りで **Nを限りに** (＝Nを最後に)(=N 을 마지막으로)
- 今日限りで (＝今日を限りに) 오늘까지만

61 祖父は子供や孫たちに<u>囲まれて</u>、幸せそうです。

1　はさまれて
2　めぐまれて
3　うとまれて
4　かこまれて

21 □□□

문자

62 妹はあめやらガムやら________何かを口に入れている。

1　うんと
2　じょじょに
3　ぞくぞくと
4　たえず

21 □□□

어휘

63 この映画は、事実________制作された。

1　につれて
2　にもとづいて
3　のもとで
4　である反面

21 □□□

문법

정답

61 **4** 祖父(そふ)は子供(こども)や孫(まご)たちに**囲(かこ)まれて**、幸(しあわ)せそうです。

조부는 자식들과 손자 , 손녀에게 둘러싸여 행복해 보입니다 .

문자

[祖] **ソ** : 祖父(そふ) 조부 · 祖母(そぼ) 조모 · 祖先(そせん) 조상 · 先祖(せんぞ) 선조

[孫] **ソン** : 子孫(しそん) 자손

まご : 孫(まご) 손자

[囲] **イ** : 周囲(しゅうい) 주위 · 範囲(はんい) 범위

かこ (-む) : 囲(かこ)む 둘러싸다

62 **4** 妹(いもうと)はあめやらガムやら**絶(た)えず**何(なに)かを口(くち)に入(い)れている。

여동생은 사탕이며 껌이며 끊임없이 뭔가를 입에 넣고 있다 .

어휘

[**絶えず**] (たえず) 끊임없이

[**うんと**] 훨씬

◆地下鉄(ちかてつ)ができて**うんと**便利(べんり)になった。

지하철이 생겨서 훨씬 편리해졌다 .

[**徐々に**] (じょじょに) 서서히 ◆**徐々(じょじょ)に**できるようになる 서서히 할 수 있게 되다

[**続々と**] (ぞくぞくと) 잇달아 ◆**続々(ぞくぞく)と**人(ひと)が集(あつ)まる 잇달아 사람이 모인다

63 **2** この映画(えいが)は、事実(じじつ)**に基(もと)づいて**制作(せいさく)された。

이 영화는 사실에 의거하여 제작되었다 .

문법

[**Nに基づいて**] N에 의거하여

[**Nのもとで**] N 하에서

◆厳(きび)しい指導(しどう)**のもとで**訓練(くんれん)が続(つづ)けられた。 엄한 지도하에 훈련이 이어졌다 .

[**a 反面 b**] a 반면 b

◆この機械(きかい)は便利(べんり)な**反面(はんめん)**、故障(こしょう)も多(おお)い。 이 기계는 편리한 반면 고장도 많다 .

64 お母さん、お湯が<u>わいた</u>よ。

1 沸いた
2 浮いた
3 乾いた
4 蒸いた

22 □□□

문자

65 ネットの広告料はけっこう＿＿＿＿＿らしい。

1 かせぐ
2 もうかる
3 まかせる
4 つながる

22 □□□

어휘

66 体調が悪い＿＿＿＿＿、働き続けた。

1 にもかかわらず
2 に反して
3 のに加えて
4 のを問わず

22 □□□

문법

정답

문자

64 **1** お母(かあ)さん、お湯(ゆ)が**沸(わ)いた**よ。

엄마, 물이 끓었어요.

- 沸 **わ** (-く / -かす) : 沸(わ)く 끓다 · 沸(わ)かす 끓이다
- 浮 **う** (-く / -かぶ / -かべる) : 浮(う)く 뜨다 · 浮(う)かぶ 뜨다 / 떠오르다 · 浮(う)かべる 띄우다
- 乾 **カン** : 乾電池(かんでんち) 건전지
  かわ (-く / -かす) : 乾(かわ)く 마르다 / 건조하다 · 乾(かわ)かす 말리다
- 蒸 **ジョウ** : 蒸気(じょうき) 증기 · 蒸発(じょうはつ) 증발
  む (-す) : 蒸(む)す 무덥다 / 찌다 · 蒸(む)し暑(あつ)い 무덥다

어휘

65 **2** ネットの広告料(こうこくりょう)はけっこう**もうかる**らしい。 **OK** 稼(かせ)げる

인터넷 광고료는 꽤 벌이가 되는 것 같다.

- **もうかる** 벌이가 되다 ＊もうける（＝稼(かせ)ぐ）
- **稼ぐ** (かせぐ) 벌다
- **任せる** (まかせる) 맡기다 ◆私(わたし)に**任(まか)せて**ください。 저에게 맡겨 주십시오.
- **つながる** 연결되다 ◆電話(でんわ)が**つながらない** 전화가 연결되지 않는다.

문법

66 **1** 体調(たいちょう)が悪(わる)い**にもかかわらず**、働(はたら)き続(つづ)けた。

몸이 안 좋은 데도 불구하고 계속 일했다.

~にもかかわらず ~에도 불구하고 (＝~(な)のに)

◆大雨(おおあめ)(が降(ふ)っている)**にもかかわらず**、試合(しあい)は続(つづ)けられた。

큰비에도 불구하고 시합은 계속되었다.

Nを問わず N을 불문하고 (＝Nに関係(かんけい)なく)

◆この行事(ぎょうじ)には年齢(ねんれい)**を問(と)わず**参加(さんか)できる。

이 행사에는 연령을 불문하고 참가할 수 있다.

67 「九州一周列車の旅」を１名様にプレゼントします。

1　でんしゃ
2　れいしゃ
3　れっしゃ
4　きしゃ

23 □□□

문자

68 携帯電話の機能を使い＿＿＿＿＿人がどれだけいるだろうか。

1　こんでいる
2　こなしている
3　まわしている
4　はたしている

23 □□□

어휘

69 彼は周囲の期待に＿＿＿＿＿がんばった。

1　すれば
2　つけて
3　つれて
4　こたえて

23 □□□

문법

67 **3** 「九州一周**列車**の旅」を１名様にプレゼントします。

「규슈 일주 열차 여행」을 한 분에게 선물합니다.

문자

州 **シュウ**：州 주・九州 규슈

周 **シュウ**：一周 일주・周囲 주위・円周 원주

まわ (-り)：周り 주변

列 **レツ**：列 열・行列 행렬・列車 열차・列島 열도

68 **2** 携帯電話の機能を使い**こなしている**人がどれだけいるだろうか。

휴대전화 기능을 잘 다루는 사람이 얼마나 있을까.

어휘

こなす 소화하다 / 구사하다

- 仕事を**こなす** 일을 능숙하게 하다.
- スケジュールを**こなす** 스케줄을 능숙하게 처리하다.
- パソコンを使い**こなす** 컴퓨터를 능숙하게 사용하다.

＊使いはたす（＝全部使ってしまう）모두 사용해버리다

69 **4** 彼は周囲の期待に**応えて**頑張った。

그는 주위의 기대에 부응하여 열심히 했다.

문법

Nに応えて N 에 응해

～につけ(て) (＝～の場合に／～のたびに)

- 彼のうわさを聞く**につけて**心配になる。그의 소식을 들을 때마다 걱정이 된다.
- 何か**につけ(て)** 기회가 있을 때마다 / 걸핏하면

＊ a につけ、b につけ（＝ a たび、b たび）(=a 할 때 , b 할 때)

- テレビで国の様子を見る**につけ**、聞く**につけ**、帰りたくなる。

TV 로 고국의 모습을 보고 들을 때마다 돌아가고 싶어진다.

70 食べたら歯をみがきましょう。

1　省きましょう
2　抜きましょう
3　除きましょう
4　磨きましょう

문자

24 □□□

71 電話の応対といっても、上司や先輩(せんぱい)に＿＿＿＿＿＿
だけの仕事なので楽です。

1　取りこむ
2　取りくむ
3　取りあつかう
4　取りつぐ

어휘

24 □□□

72 30 年＿＿＿＿＿研究を続けた。

1　を問わず
2　にわたって
3　にかけて
4　を中心に

문법

24 □□□

70 **4** 食(た)べたら歯(は)を**磨(みが)きましょう**。

먹었으면 양치질을 합시다 .

문자

磨	**みが** (-く) : 磨(みが)く 닦다
省	**ショウ** : 外務省(がいむしょう) 외무성・省(しょう)エネ 에너지 절감
	セイ : 反省(はんせい)する 반성하다
	はぶ (-く) : 省(はぶ)く 덜다
抜	**ぬ** (-ける / -く) : 抜(ぬ)ける 빠지다・抜(ぬ)く 뽑다
除	**ジョ** : 削除(さくじょ)する 삭제하다　**ジ** : 掃除(そうじ) 청소
	のぞ (-く) : 除(のぞ)く 제거하다

71 **4** 電話(でんわ)の応対(おうたい)といっても、上司(じょうし)や先輩(せんぱい)に**取(と)り次(つ)ぐ**だけの仕事(しごと)なので楽(らく)です。

전화 대응이라 하지만 상사나 선배에게 연결하기만 하는 일이니까 편합니다 .

어휘

取り次ぐ (とりつぐ) 연결하다

取り込む (とりこむ) 어수선하다 / 거두어 들이다

取り組む (とりくむ) 몰두하다

取り扱う (とりあつかう) 취급하다

72 **2** 30 年(ねん)**にわたって**研究(けんきゅう)を続(つづ)けた。 **OK** 30 年(ねん)もかけて

30 년에 걸쳐 연구를 계속했다 .

문법

Nにわたって N 에 걸쳐

＊N＝시간・횟수・장소의 범위

Nを中心に N 을 중심으로

◆彼(かれ)は西日本(にしにほん)**を中心(ちゅうしん)に**活動(かつどう)している。 그는 서일본을 중심으로 활동하고 있다 .

◆野菜(やさい)**を中心(ちゅうしん)とした**食生活(しょくせいかつ)をする。 야채를 중심으로 한 식생활을 한다 .

73 やけどの恐れがありますから、絶対に手を<u>触れないで</u>ください。

1　さわれないで
2　ふれないで
3　すれないで
4　あたれないで

25 □□□

74 A「これ、うまく操作できないよ。不良品かな。」
B「買ったところに＿＿＿＿＿を言った方がいいんじゃない？」

1　コメント
2　クレーム
3　口(くち)コミ
4　イメージ

25 □□□

75 家族の協力＿＿＿＿＿、私の成功(せいこう)はなかった。

1　のせいで
2　のおかげで
3　をぬきに
4　をめぐって

25 □□□

문자

73 **2** やけどの恐(おそ)れがありますから、絶対(ぜったい)に手(て)を**触(ふ)れないで**ください。

화상의 우려가 있으므로 절대로 손을 대지 마십시오 .

恐	**キョウ** : 恐縮(きょうしゅく)する 황송하다
	おそ (-れる / -ろしい) : 恐(おそ)れる 두려워하다 · 恐(おそ)れ 두려움 · 恐(おそ)ろしい 두렵다
絶	**ゼツ** : 絶対(ぜったい)に 절대로 · 絶滅(ぜつめつ)する 절멸하다 / 멸종되다
	た (-える) : 絶(た)える 끊어지다
触	**さわ** (-る) : 触(さわ)る 만지다
	ふ (-れる) : 触(ふ)れる 접촉하다

어휘

74 **2** A「これ、うまく操作(そうさ)できないよ。不良品(ふりょうひん)かな。」

B「買(か)ったところに**クレーム**を言(い)った方(ほう)がいいんじゃない？」

A「이거 , 잘 작동이 안되는데요 . 불량품인가 .」

B「구매한 곳에 클레임을 말하는 것이 좋지 않을까 .」

クレーム	클레임 (보상 청구) ◆**クレーム**をつける 클레임을 걸다
コメント	견해 ◆**コメント**する 코멘트 하다
口コミ	(くちこみ) 입에서 입으로 전해지는 소식 (입소문) ◆**口(くち)コミ**で広(ひろ)がる 입소문으로 퍼지다
イメージ	이미지

문법

75 **3** 家族(かぞく)の協力(きょうりょく)**を抜(ぬ)きに**、私(わたし)の成功(せいこう)はなかった。 **OK** なしに(は)

가족의 협력 없이는 나의 성공은 없었다 .

N(を/は)抜きに(して) N (을 / 은) 빼고

◆今日(きょう)はかたい話(はなし)**を抜(ぬ)きに**楽(たの)しもう。 오늘은 딱딱한 이야기를 빼고 즐기자 .

◆この計画(けいかく)は彼(かれ)**抜(ぬ)きに**は進(すす)められない。 이 계획은 그를 빼고는 추진할 수 없다 .

Nをめぐって N 을 둘러싸고

◆土地開発(とちかいはつ)**をめぐって**、市民(しみん)の意見(いけん)が分(わ)かれた。

토지개발을 둘러싸고 시민의 의견이 갈렸다 .

76 <u>筆</u>で漢字を書きました。

1　たけ
2　はね
3　ふで
4　ぼう

26 □□□

77 この椅子(いす)、デザインは＿＿＿＿＿けれど、すわり心地があんまりよくないね。

1　けっている
2　こっている
3　もっている
4　そっている

26 □□□

78 何かに＿＿＿＿＿、近所の人にはお世話になっている。

1　つけ
2　しろ
3　やら
4　せよ

26 □□□

76 **3** **筆**(ふで)で漢字(かんじ)を書(か)きました。

붓으로 한자를 썼습니다.

문자

| 筆 | **ヒツ** : 鉛筆(えんぴつ) 연필 · 筆記試験(ひっきしけん) 필기시험
ふで : 筆(ふで) 붓

| 竹 | **たけ** : 竹(たけ) 대나무

| 羽 | **は** : 羽根(はね) 깃뿌리
はね : 羽(はね) 날개

| 棒 | **ボウ** : 棒(ぼう) 봉 · 泥棒(どろぼう) 도둑

77 **2** この椅子(いす)、デザインは**凝(こ)っている**けれど、すわり心地(ごこち)があんまりよくないね。

이 의자는 디자인은 공들였지만 앉기에는 그다지 편하지 않군요.

어휘

| **凝る** | (こる) 공들이다 / 열중하다

◆ゴルフに**凝(こ)っている** 골프에 열중이다

◆**凝(こ)った**デザインのバッグ 공들인 디자인의 백

＊肩(かた)がこる 어깨가 결리다

| **反る** | (そる) 젖혀지다 / 뒤집히다

◆板(いた)が**反(そ)る** 판자가 뒤로 뒤집히다 ＊反(そ)らす 휘게 하다 / 뒤로 젖히다

78 **1** 何(なに)かに**つけ**、近所(きんじょ)の人(ひと)にはお世話(せわ)になっている。

걸핏하면 이웃에게 신세를 지고 있다.

문법

| **何かにつけ(て)** | 기회가 있을 때마다 / 걸핏하면

| **aやらbやら** | (= a、b、ほかにもいろいろ)

◆くしゃみが出(で)る**やら**、のどが痛(いた)い**やら**今日(きょう)は体調(たいちょう)が悪(わる)い。

재채기가 나오기도 하고 목이 아프기도 하고 오늘은 몸이 안 좋다.

◆この子(こ)のポケットには虫(むし)**やら**ガム**やら**いろんなものが入(はい)っている。

이 아이의 주머니에는 벌레며 껌이며 여러가지 물건이 들어 있다.

| **~にせよ** | ~ (한다) 해도 (= ~にしろ)

79 犬が人の命をすくったという記事を読んだ。

1　助った
2　救った
3　探った
4　触った

문자

27 □□□

80 彼女とは年賀状の＿＿＿＿＿＿だけで、もう何年も会っていない。

1　あげもらい
2　行き帰り
3　受け取り
4　やり取り

어휘

27 □□□

81 合格できたのは、日々の努力の結果に＿＿＿＿＿＿。

1　しかない
2　かかわりない
3　かぎらない
4　ほかならない

문법

27 □□□

79 **2** 犬(いぬ)が人(ひと)の命(いのち)を**救(すく)った**という記事(きじ)を読(よ)んだ。

개가 사람의 생명을 구했다는 기사를 읽었다 .

문자

命 **メイ** : 生命(せいめい) 생명 · 命令(めいれい) 명령

ミョウ : 寿命(じゅみょう) 수명

いのち : 命(いのち) 목숨

救 **キュウ** : 救助(きゅうじょ)する 구조하다

すく (-う) : 救(すく)う 구하다

探 **さが** (-す) : 探(さが)す 찾다　**さぐ** (-る) : 探(さぐ)る 살피다

触 **さわ** (-る) : 触(さわ)る 만지다　**ふ** (-れる) : 触(ふ)れる 접촉하다

80 **4** 彼女(かのじょ)とは年賀状(ねんがじょう)の**やり取(と)り**だけで、もう何年(なんねん)も会(あ)っていない。

그녀와는 연하장을 주고받기만 하고 벌써 몇 년 동안이나 만나지 않았다 .

어휘

やり取り (やりとり) 주고받음

◆メールの**やり取(と)り** 이메일 주고받음

行き帰り (い / ゆきかえり) 왕복 / 오고 감

◆**行(い)き帰(かえ)り**の電車(でんしゃ)の中(なか)で勉強(べんきょう)する。

오고 가는 전철 안에서 공부한다 .

受け取り (うけとり) 수령　◆荷物(にもつ)の**受(う)け取(と)り** 짐의 수령

81 **4** 合格(ごうかく)できたのは、日々(ひび)の努力(どりょく)の結果(けっか)に**ほかならない**。

합격할 수 있었던 것은 매일매일 노력의 결과임에 틀림없다 .

문법

Nにほかならない　(＝N 以外(いがい)のものではない)

＊강조

◆子供(こども)に厳(きび)しくするのは親(おや)の愛情(あいじょう)**にほかならない**。

아이에게 엄하게 하는 것은 부모의 애정임에 틀림없다 .

◆彼(かれ)のしたことは詐欺(さぎ)**にほかならない**。

그가 한 것은 사기와 다름없다 .

82 郊外の<u>景色</u>のいい住宅地で暮らしたい。

1　けいろ
2　けいしき
3　けしき
4　けしょく

28 □□□

83 同僚(どうりょう)が＿＿＿＿＿されてしまった。

1　ストレス
2　アレルギー
3　リストラ
4　トラブル

28 □□□

84 赤＿＿＿＿＿黄＿＿＿＿＿、いろんな色の花が咲いている。

1　なり／なり
2　やら／やら
3　にせよ／にせよ
4　にしろ／にしろ

28 □□□

문자

82 **3** 郊外(こうがい)の**景色(けしき)**のいい住宅地(じゅうたくち)で暮(く)らしたい。

교외의 경치가 좋은 주택지에서 살고 싶다.

郊	**コウ**：郊外(こうがい) 교외
景	**ケイ**：風景(ふうけい) 풍경・景気(けいき) 경기　＊景色(けしき) 경치 / 풍경
暮	**ボ**：歳暮(せいぼ) 세모
	く (-れる / -らす)：暮(く)れる 저물다・暮(く)らす 살다・暮(く)らし 생활

어휘

83 **3** 同僚(どうりょう)が**リストラ**されてしまった。

동료가 정리해고 당했다.

リストラ	정리해고	◆**リストラ**にあう 정리해고를 당하다
ストレス	스트레스	◆**ストレス**を解消(かいしょう)する 스트레스를 해소하다
アレルギー	알레르기	
トラブル	트러블	

문법

84 **2** 赤(あか)**やら**黄(き)**やら**、いろんな色(いろ)の花(はな)が咲(さ)いている。

빨강이며 노랑이며 여러 가지 색의 꽃이 피어 있다.

aやらbやら　a 며 b 며

(＝a，b、ほかにもいろいろ)

N_1なりN_2なり　**V_1なりV_2なり**　N_1 이든지 N_2 든지 / V_1 이든지 V_2 든지

◆お昼(ひる)は<u>パン**なり**おにぎり**なり**</u>買(か)って食(た)べます。

점심은 빵이든 주먹밥이든 사서 먹습니다.

◆本(ほん)は<u>買(か)う**なり**借(か)りる**なり**</u>して必(かなら)ず持(も)ってきてください。

책은 사든 빌리든 해서 반드시 가져와 주십시오.

85 この地方は温泉もあり、豊かな自然にめぐまれた所です。

1 恵まれた
2 治まれた
3 囲まれた
4 営まれた

29 □□□

문자

86 結婚していないというだけで、＿＿＿＿思いをすることがある。

1 みじめな
2 あわれな
3 むじゃきな
4 なまいきな

29 □□□

어휘

87 そこを＿＿＿＿ばかりに、事故に巻き込まれた。

1 通り
2 通った
3 通ろう
4 通って

29 □□□

문법

85 **1** この地方は温泉もあり、豊かな自然に**恵まれた**所です。

이 지방은 온천도 있고 풍부한 자연의 혜택을 받은 곳입니다.

문자

泉 **セン**：温泉 온천 **いずみ**：泉 샘

豊 **ホウ**：豊富な 풍부한 **ゆた** (-か)：豊かな 풍족한

恵 **エ**：知恵 지혜 **ケイ**：恩恵 은혜

めぐ (-む)：恵まれる 혜택받다

営 **エイ**：営業 영업・営業中 영업중・経営する 경영하다

いとな (-む)：営む 경영하다

86 **1** 結婚していないというだけで、**惨めな**思いをすることがある。

결혼하지 않았다는 것만으로 참담한 생각이 들 때가 있다.

어휘

惨めな (みじめな) 참담한 ◆**惨めな**生活 참담한 생활

哀れな (あわれな) 가엾은 ◆**哀れな**人々 가엾은 사람들

無邪気な (むじゃきな) 순진한 ◆**無邪気な**子供 순진한 아이

生意気な (なまいきな) 건방진 ◆**生意気な**学生 건방진 학생

87 **2** そこを**通った**ばかりに、事故に巻き込まれた。 OK 通ったために

그곳을 지나간 바람에 사고에 휘말렸다.

문법

~ばかりに ~바람에 /~ 때문에

*그런 이유만으로 나쁜 일이 일어남

◆言葉がわからない**ばかりに**誤解された。

단어를 모르는 바람에 오해받았다.

◆親が有名人である**ばかりに**、いつも注目される。

부모가 유명인이기 때문에 항상 주목받는다.

88 警察は盗まれた絵画と犯人を捜している。

1　ねすまれた
2　ぬすまれた
3　なすまれた
4　にすまれた

문자

30 □□□

89 試験が近いので家に________勉強しないと。

1　こめて
2　こもって
3　くっついて
4　たまって

어휘

30 □□□

90 彼女は、親の愛情________幸せに育った。

1　をこめて
2　のもとで
3　をとわず
4　のたびに

문법

30 □□□

88 **2** 警察は**盗まれた**絵画と犯人を捜している。

경찰은 도난당한 그림과 범인을 찾고 있다.

문자

盗 **トウ**：強盗 강도・盗難 도난

ぬす (-む)：盗む 훔치다

犯 **ハン**：犯人 범인・犯罪 범죄・防犯 방범

おか (-す)：犯す 범하다

捜 **さが** (-す)：捜す 찾다

ソウ：捜査 조사

89 **2** 試験が近いので家に**こもって**勉強しないと。

시험이 가까우므로 집에 틀어박혀 공부하지 않으면 안돼.

어휘

こもる 틀어박히다

◆自分の部屋に**こもって**音楽を聴く。

자신의 방에 틀어박혀 음악을 듣는다

◆熱が**こもる**　열이 가득차다

＊引きこもる 틀어박히다

◆家に引き**こもって**社会生活をしない人のことを「引きこもり」と言う。

집에 틀어박혀 사회생활을 하지 않는 사람을「히키코모리」라고 한다.

90 **2** 彼女は、親の愛情**のもとで**幸せに育った。

그녀는 부모의 애정 아래 행복하게 자랐다.

문법

Nのもとで N 하에서

◆この建物は、厳しい条件**のもとで**建てられた。

이 건물은 엄격한 조건하에 지어졌다.

Nをこめて N을 담아

＊ N =사랑, 기분, 마음, 소원, 기도, 생각, 한 등

◆親が愛情**をこめて**子を育てる。

부모가 애정을 담아 아이를 기른다.

91 彼は違反を<u>認めた</u>。→ 25

1　まとめた　　2　みとめた

1 □□□

92 この魚は<u>ほね</u>まで食べられる。→ 10

1　骨　　2　背

2 □□□

93 A「あれ、このコップ、＿＿＿＿＿？」
B「本当だ。ひびが入っているよ。」→ 47

1　もらしてない　　2　もれてない

1 □□□

94 ＿＿＿＿＿妻にがまんができない。もう離婚したい。→ 5

1　だらしない　　2　あやしい

2 □□□

95 勉強せずに　試験に＿＿＿＿＿。→ 39

1　受けっこない　　2　受かりっこない

1 □□□

96 ＿＿＿＿＿ことに、その建物は一夜で完成した。→ 48

1　おどろいた　　2　おどろいたという

2 □□□

97 日記を書いて、一日の反省をする。→ 70

1 はんしょう　　2 はんせい

3 □□□

문자

98 かんでんちが切れた。→ 64

1 乾電池　　2 換電池

4 □□□

99 この問題は時間が解決してくれると思うから、しばらく＿＿＿＿おこう。→ 53

1 まかせて　　2 ほうって

3 □□□

어휘

100 彼は、高校卒業後、親に＿＿＿＿大学に行き、ちゃんと卒業した。→ 20

1 もたれず　　2 たよらず

4 □□□

101 この牛肉、やわらかいし、すごくおいしい。＿＿＿＿ね。→ 21

1 高くてたまらない　　2 高いだけのことはある

3 □□□

문법

102 あいつには絶対負ける＿＿＿＿。→ 39

1 っこない　　2 もんか

4 □□□

앞 페이지 정답 91 2 92 1 93 2 94 1 95 2 96 1

103 日本の<u>暮らし</u>にも慣れた。→ 82

1　くらし　　2　こらし

5 □□□

문자

104 月は地球の<u>まわり</u>を回っている。→ 67

1　囲り　　2　周り

6 □□□

105 うちの店の＿＿＿＿は、化学調味料を使わないことです。→ 56

1　やりがい　　2　こだわり

5 □□□

어휘

106 あ、ゴキブリだ！　お父さん、早く＿＿＿＿。→ 53

1　はがして　　2　やっつけて

6 □□□

107 皆さんの期待に＿＿＿＿がんばります。→ 69

1　こたえて　　2　にもとづいて

5 □□□

문법

108 年を取る＿＿＿＿、記憶力(きおくりょく)が衰(おとろ)える。→ 30

1　につれて　　2　にそって

6 □□□

앞 페이지 정답　97 2　98 1　99 2　100 2　101 2　102 2

109 今日は<u>蒸し暑い</u>。→ 64

1　もしあつい　　2　むしあつい

7 □□□

문자

110 人命を<u>きゅうじょ</u>する。→ 79

1　救助　　2　救急

8 □□□

111 仕事をクビになり、貯金も＿＿＿＿。もうどうしていいかわからない。→ 68

1　使いはたした　　2　使いこなした

7 □□□

어휘

112 せっかく合格して入学した大学を辞めるなんて、＿＿＿＿ものも言えない。→ 17

1　あきれて　　2　あわてて

8 □□□

113 図書館を利用する＿＿＿＿、この規則を読んでください。→ 24

1　にともない　　2　にあたり

7 □□□

문법

114 さくら小学校＿＿＿＿運動会が行われた。→ 36

1　において　　2　のもとで

8 □□□

앞 페이지 정답　103 1　104 2　105 2　106 2　107 1　108 1

115 恐怖で声も出なかった。→ 73

1 きゅうふ　　2 きょうふ

9 □□□

116 しょうちしました。→ 13

1 承　　2 承知

10 □□□

문자

117 ________がんばっている子供の姿を見ると、胸が熱くなる。→ 86

1 あわれに　　2 むじゃきに

9 □□□

118 彼は________勉強もしないくせに、テストではいつもいい点を取っている。→ 35

1 ろくに　　2 らくに

10 □□□

어휘

119 あれは論文ではなく、ただの感想文________。→ 45

1 にすぎない　　2 にかぎる

9 □□□

120 財布を落とす________、傘(かさ)を忘れる________失敗ばかりだ。→ 78

1 にせよ／にせよ　　2 やら／やら

10 □□□

문법

앞 페이지 정답 109 2 110 1 111 1 112 1 113 2 114 1

121 <u>貧しい</u>国を助けるために協力する。→ 4

1　とぼしい　　　2　まずしい

11 □□□

문자

122 最近のネコはネズミを<u>とらない</u>。→ 37

1　逃らない　　　2　捕らない

12 □□□

123 ________をためないで、解消する方法をみつけよう。→ 83

1　アレルギー　　　2　ストレス

11 □□□

어휘

124 医者に体を________ような動作はしないようにと言われている。→ 77

1　そらす　　　2　こる

12 □□□

125 体が大きい________不便なことが多い。→ 87

1　ばかりに　　　2　にもかかわらず

11 □□□

문법

앞 페이지 정답　115 2　116 2　117 2　118 1　119 1　120 2

제 2 주

- 6 일째까지 마친 후 정답 수를 세어 기록합시다.
- 정답 수가 적은 분야가 있으면 다시 한 번 푼 후에 7 일째로 나아갑시다.
- 7 일째는 복습입니다. 다 마친 후 정답 수를 적고, 학습 효과를 확인합시다.

문자

	1 ~ 6 일째	7 일째 (복습)
1 회차	／30 문제	／12 문제
2 회차	／30 문제	／12 문제
3 회차	／30 문제	／12 문제

어휘

	1 ~ 6 일째	7 일째 (복습)
1 회차	／30 문제	／12 문제
2 회차	／30 문제	／12 문제
3 회차	／30 문제	／12 문제

문법

	1 ~ 6 일째	7 일째 (복습)
1 회차	／30 문제	／11 문제
2 회차	／30 문제	／11 문제
3 회차	／30 문제	／11 문제

앞 페이지 정답 121 2 122 2 123 2 124 1 125 1

______のことばに対し、ひらがなは漢字に、漢字はひらがなに直して、正しいものを選択肢から選びなさい。

문자

______의 단어에 대해 히라가나는 한자로, 한자는 히라가나로 고치고 바른 것을 선택지에서 고르시오.

______のところに何を入れたらよいか。いちばん適当なものを選択肢から一つ選びなさい。

어휘

______에 무엇을 넣으면 좋은지 가장 적당한 것을 선택지에서 하나 고르시오.

______のところに何を入れたらよいか。いちばん適当なものを選択肢から一つ選びなさい。

문법

______에 무엇을 넣으면 좋은지 가장 적당한 것을 선택지에서 하나 고르시오.

126 地震による<u>被害</u>の状況が伝えられた。

1 きがい
2 ひがい
3 へいがい
4 さいがい

1 □□□

문자

127 A「今度の日曜日、デパートに付き合ってよね。」
B「混んでいるから、＿＿＿＿＿けれど仕方ないね。」

1 気がしない
2 気があわない
3 気がきかない
4 気が進まない

1 □□□

어휘

128 この店の料理は、量が少ないから女性＿＿＿＿＿だ。

1 むき
2 むけ
3 ぎみ
4 だらけ

1 □□□

문법

정답

126 **2** 地震による**被害**の状況が伝えられた。

지진으로 인한 피해 상황이 전해졌다.

문자

被 **ヒ** : 被害 피해

害 **ガイ** : 被害 피해・公害 공해・損害 손해・危害 위해・弊害 폐해

況 **キョウ** : 状況 상황・実況 실황・近況 근황

127 **4** A「今度の日曜日、デパートに付き合ってよね。」

B「混んでいるから、**気が進まない**けれど仕方ないね。」

A「이번 일요일, 백화점에 같이 가요.」

B「혼잡해서 마음이 내키지 않지만 어쩔 수 없지.」

어휘

気が進まない (きがすすまない) 마음이 무겁다 (＝気が重い)

気がしない (きがしない) 의욕이 나지 않는다

気が利かない (きがきかない) (자잘한 데까지) 생각이 미치지 않는다

◆**気が利かない**人 눈치가 없는 사람

128 **1** この店の料理は、量が少ないから女性**向き**だ。

이 가게의 요리는 양이 적어서 여성의 취향에 맞다.

문법

N向き (＝～に合っている)

◆このカレーは辛くないから子供**向き**だ。이 카레는 맵지 않아서 어린이 취향에 맞다.

N向け ＊N＝대상

◆このテレビ番組は子供**向け**に制作された。

이 TV 프로그램은 어린이 대상으로 제작되었다.

Nだらけ (＝Nがたくさんある)

◆このレポートは間違い**だらけ**だ。 이 리포트는 실수 투성이다.

129 1分は60<u>びょう</u>です。

1 億
2 秒
3 表
4 兆

2 □□□

문자

130 新しいクリームにしてから、肌の＿＿＿＿＿がよくなった気がする。高かったけど、買ってよかった。

1 しみ
2 しわ
3 つや
4 ほくろ

2 □□□

어휘

131 このバッグは色もきれい＿＿＿＿＿、形もいい。

1 し
2 とか
3 なら
4 やら

2 □□□

문법

129 **2** 1分(ぷん)は60**秒**(びょう)です。

1분은 60초입니다.

문자

秒	**ビョウ** : 秒(びょう) 초
億	**オク** : 一億(いちおく) 일억
表	**ヒョウ** : 表(ひょう) 표 · 発表(はっぴょう)する 발표하다
	おもて : 表(おもて) 겉 / 표면
	あらわ (-す) : 表(あらわ)す 나타내다
兆	**チョウ** : 一兆(いっちょう) 일조

130 **3** 新(あたら)しいクリームにしてから、肌(はだ)の**つや**がよくなった気(き)がする。高(たか)かったけど、買(か)ってよかった。

새로운 크림을 사용한 후에 피부의 윤기가 좋아진 것 같다. 값은 비쌌지만 잘 샀다.

어휘

つや 광택 ◆**つや**のある紙(かみ) 광택이 나는 종이

染み (しみ) 얼룩 / 기미

◆服(ふく)に**染み**(し)がついた 옷에 얼룩이 묻었다 ◆顔(かお)の**染み**(し) 얼굴의 기미

しわ 주름 ◆服(ふく)の**しわ** 옷의 주름 ◆顔(かお)の**しわ** 얼굴의 주름

ほくろ 점 / 사마귀

131 **3** このバッグは色(いろ)もきれい**なら**、形(かたち)もいい。 **OK** きれいだし

이 가방은 색도 예쁘거니와 모양도 좋다.

문법

N₁も～ばN₂も～ **N₁も～ならN₂も～** N₁ 도 ~ 하거니와 N₂ 도

◆あまりのショックに、涙(なみだ)**も**出(で)な**けれ****ば**声(こえ)**も**出(で)なかった。

엄청난 쇼크에 눈물도 나오지 않거니와 목소리도 나오지 않았다.

◆彼女(かのじょ)は料理(りょうり)**も**上手(じょうず)**なら**洋服(ようふく)**も**作(つく)れる。

그녀는 요리도 잘하거니와 양복도 만들 수 있다.

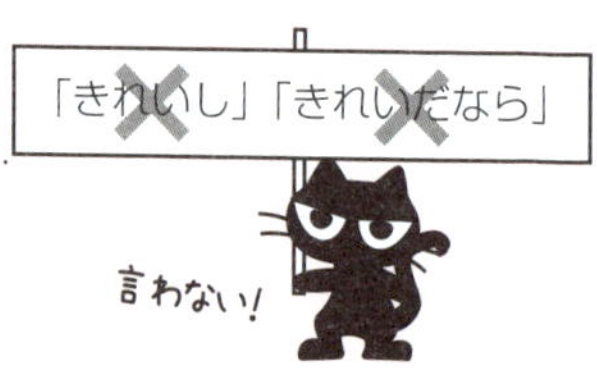

132 浴衣には簡単な帯をします。足袋は普通、はきません。

1 たび
2 ひも
3 げた
4 おび

3 □□□

문자

133 薬を飲まないようにしていたが、どうしても痛みを＿＿＿＿、痛み止めの薬を飲んだ。

1 こらえられず
2 がまんせず
3 たえられず
4 おさえず

3 □□□

어휘

134 彼は服が汚れるのも＿＿＿＿、犬を抱きしめた。

1 とわず
2 かまわず
3 かかわらず
4 かぎらず

3 □□□

문법

132 **4** 浴衣(ゆかた)には簡単(かんたん)な**帯(おび)**をします。足袋(たび)は普通(ふつう)、はきません。
유카타는 간단한 띠를 맵니다 . 보통 버선은 신지 않습니다 .

문자

衣 **イ**：衣服(いふく) 의복・衣食住(いしょくじゅう) 의식주　＊浴衣(ゆかた) 유카타 / 목욕의
帯 **タイ**：熱帯(ねったい) 열대・温帯(おんたい) 온대・携帯電話(けいたいでんわ) 휴대전화
おび：帯(おび) 띠 / 오비
袋 **ふくろ**：袋(ふくろ) 봉투・手袋(てぶくろ) 장갑　＊足袋(たび)（일본식）버선

133 **1** 薬(くすり)を飲(の)まないようにしていたが、どうしても痛(いた)みを**こらえられず**、痛(いた)み止(ど)めの薬(くすり)を飲(の)んだ。　**OK** 痛(いた)みに耐(た)えられず
약을 먹지 않으려고 했지만 아무래도 통증을 참지 못해 진통제를 먹었다 .

어휘

こらえる　참다（＝がまんする＝耐(た)える）
耐える（たえる）견디다　◆寒(さむ)さに**耐(た)える** 추위에 견디다
抑える（おさえる）억제하다　◆気持(きも)ちを**抑(おさ)える** 감정을 억제하다

134 **2** 彼(かれ)は服(ふく)が汚(よご)れるのも**かまわず**、犬(いぬ)を抱(だ)きしめた。
그는 옷이 더러워지는 것도 개의치 않고 개를 부여안았다 .

문법

Nもかまわず　N 도 개의치 않고（＝～を気(き)にしないで）

◆彼女(かのじょ)は人目(ひとめ)**もかまわず**泣(な)いた。
그녀는 타인의 시선에도 개의치 않고 울었다 .

◆博士(はかせ)は人(ひと)に笑(わら)われるの**もかまわず**、自分(じぶん)の研究(けんきゅう)を続(つづ)けた。
박사는 남에게 웃음거리가 되는 것도 개의치 않고 자신의 연구를 계속했다 .

135 このシャツはめん100%です。

1　面
2　綿
3　革
4　舟

문자

4 □□□

136 親の言うことに＿＿＿＿＿＿、長男は家を出て行ってしまった。

1　せめて
2　もめて
3　ぶつかって
4　さからって

어휘

4 □□□

137 あんなまずいもの、二度と＿＿＿＿＿＿ものか。

1　買い
2　買った
3　買う
4　買わない

문법

4 □□□

정답

문자

135 **2** このシャツは<u>綿(めん)</u>100%です。

이 셔츠는 면 100% 입니다 .

[綿] **メン** : 綿(めん) 면 · 木綿(もめん) 무명

わた : 綿(わた) 목화 / 솜

[面] **メン** : 画面(がめん) 화면 · 表面(ひょうめん) 표면 · 方面(ほうめん) 방면　＊**真面目(まじめ)** 성실

[革] **かわ** : 革(かわ) 가죽

[舟] **ふね** : 舟(ふね) 배

어휘

136 **4** 親(おや)の言(い)うことに<u>**逆(さか)らって**</u>、長男(ちょうなん)は家(いえ)を出(で)て行(い)ってしまった。

부모의 말을 거역하고 장남은 집을 나가 버렸다 .

[**逆らう**] (さからう) 거스르다 / 반항하다 ⇔ 従(したが)う 따르다

[**責める**] (せめる) 비난하다

◆あなたを**責(せ)める**つもりはない。 너를 비난할 생각은 없다 .

＊攻(せ)める 공격하다　◆城(しろ)を**攻(せ)める** 성을 공격하다 .

[**もめる**] 옥신각신하다　◆友達(ともだち)と**もめる** 친구와 실랑이하다 .

[**ぶつかる**] 부딪히다

문법

137 **3** あんなまずいもの、<u>二度(にど)と**買(か)う**</u>ものか。

저렇게 맛없는 것 , 두 번 다시 사지 않겠다 .

[**～ものか**] [**～もんか**] [**～ものですか**] [**～もんですか**]

＊강한 부정

◆<u>簡単(かんたん)な**もんですか**</u>。とても難(むずか)しかったですよ。

간단하지는 않아요 . 매우 어려웠어요 .

◆<u>病気(びょうき)な**もんか**</u>。彼(かれ)は元気(げんき)に遊(あそ)んでいたよ。

아프지는 않아 . 그는 건강하게 놀고 있었어 .

138 パート<u>募集</u>。やる気のある方を求む。勤務時間は相談に応じます。

문자

1　もしゅう
2　ぶしゅう
3　ぼしゅう
4　むしゅう

5 □□□

139 第二次世界大戦直後、日本は激(はげ)しい＿＿＿＿＿＿になった。

어휘

1　インフレ
2　ダウン
3　フォーム
4　ショック

5 □□□

140 出席＿＿＿＿＿＿ものならしたいが、どうしても都合がつかない。

문법

1　する
2　できる
3　した
4　しよう

5 □□□

138 **3** パート**募集**。やる気のある方を求む。勤務時間は相談に応じます。

시간제 근무자 모집 . 의욕적인 분을 구함 . 근무 시간은 상담에 응합니다 .

문자

募	**ボ**：募集する 모집하다・応募する 응모하다
務	**ム**：勤務する 근무하다・事務所 사무소・義務 의무
	つと (-める)：務める 근무하다
応	**オウ**：応じる 응하다・応用する 응용하다

139 **1** 第二次世界大戦直後、日本は激しい**インフレ**になった。

제 2 차 세계대전 직후 일본은 심한 인플레이션이 되었다 .

어휘

インフレ	인플레이션 ⇔ デフレ 디플레이션
ダウン	다운 ⇔ アップ 업
フォーム	폼
ショック	쇼크 ◆**ショックを受ける** 쇼크를 받다

140 **2** 出席**できる**ものならしたいが、どうしても都合がつかない。

출석할 수 있다면야 하고 싶지만 아무리 해도 형편이 되지 않는다 .

문법

Vれるものなら (＝Vできないと思うが、もし、できるなら)

◆やり直**せるものなら**、やり直したい。

다시 할 수 있다면 다시 하고 싶다 .

～ものだから (＝～ので)

◆あの人は自分が暇な**ものだから**、毎日電話してくる。

저 사람은 자신이 한가하니까 매일 전화해 온다 .

141 その警官は、人々から頼られる、勇気のある男性でした。

1 ゆうき
2 ようき
3 にんき
4 こんき

6 □□□

문자

142 その上司は仕事もできないのに、＿＿＿＿＿ばかりいるので部下から嫌われている。

1 だまって
2 うらぎって
3 さけて
4 いばって

6 □□□

어휘

143 状況を説明したいのだが、電話では説明＿＿＿＿＿。

1 ほかない
2 わけがない
3 しかない
4 しようがない

6 □□□

문법

141 **1** その警官は、人々から頼られる、**勇気**のある男性でした。

그 경찰관은 사람들이 의지하는 용기 있는 남자였습니다.

문자

官 **カン** : 警官 경관 · 官庁 관청

頼 **ライ** : 信頼する 신뢰하다

たよ (-る) : 頼る 의지하다

たの (-む / -もしい) : 頼む 부탁하다 · 頼もしい 믿음직하다

勇 **ユウ** : 勇気 용기

いさ (-ましい) : 勇ましい 용감하다

142 **4** その上司は仕事もできないのに、**威張って**ばかりいるので部下から嫌われている。

그 상사는 일도 못 하면서 잘난체만 해서 부하로부터 미움 받고 있다.

어휘

威張る (いばる) 잘난체하다

黙る (だまる) 입을 다물다

裏切る (うらぎる) 배신하다

避ける (さける) 피하다 ◆危険を**避ける** 위험을 피하다

143 **4** 状況を説明したいのだが、電話では説明**しようがない**。

상황을 설명하고 싶지만 전화로는 설명할 수가 없다.

문법

Vようがない **Vようもない** ＊ V~~ます~~ようが / も（＝Vする方法がない）

◆手がかりがないので調べ**ようがない**。

단서가 없으니 조사할 방법이 없다.

◆この景色はたとえ**ようがない**ほど美しい。

이 경치는 비길 데 없을 만큼 아름답다.

144 乗車けんを拝見します。

1　巻
2　符
3　状
4　券

7 □□□

145 A「ジョンがまたゴミ箱をひっくり返してるよ。」
B「えーっ、今朝、________きれいに掃除したのに。」

1　せっかく
2　さらに
3　さっそく
4　やがて

7 □□□

146 先生に読むように言われた本は、________ものの、まだ読んでいない。

1　借りる
2　借りない
3　借りた
4　借りよう

7 □□□

144 **4** 乗車券(じょうしゃけん)を拝見(はいけん)します。

승차권을 보겠습니다.

문자

券	**ケン**：券(けん) 권・乗車券(じょうしゃけん) 승차권・定期券(ていきけん) 정기권・特急券(とっきゅうけん) 특급권
拝	**ハイ**：拝見(はいけん)する 배견하다 / 보다
	おが (-む)：拝(おが)む 절하다 / 뵙다
巻	**カン**：～巻(かん) ~권
	ま (-く)：巻(ま)く 감다
符	**フ**：切符(きっぷ) 표・符号(ふごう) 부호

145 **1** A「ジョンがまたゴミ箱(ばこ)をひっくり返(かえ)してるよ。」

B「えーっ、今朝(けさ)、**せっかく**きれいに掃除(そうじ)したのに。」

A「존이 또 휴지통을 뒤집어엎고 있네요.」

B「이런, 오늘 아침 애써 깨끗하게 청소했는데.」

어휘

せっかく	애써서
さらに	더욱
早速	(さっそく) 즉시
やがて	이윽고

146 **3** 先生(せんせい)に読(よ)むように言(い)われた本(ほん)は、**借(か)りた**ものの、まだ読(よ)んでいない。

선생님이 읽으라고 말한 책은 빌렸지만 아직 읽지 않았다.

문법

～ものの　(＝～けれど)

◆いつも本(ほん)は**買(か)うものの**、ほとんど読(よ)まない。

항상 책은 사지만 거의 읽지 않는다.

◆本(ほん)はめったに**買(か)わないものの**、図書館(としょかん)で借(か)りてよく読(よ)む。

책은 좀처럼 사지 않지만 도서관에서 빌려 자주 읽는다.

◆この街(まち)は**便利(べんり)なものの**、物価(ぶっか)が高(たか)い。

이 거리는 편리하지만 물가가 비싸다.

147 労働条件を<u>改善</u>する。

1 かいぜん
2 かいざん
3 かいせん
4 かいさん

8 □□□

문자

148 彼女は自分の収入に＿＿＿＿＿＿生活をしなかったので、借金だらけになった。

1 つりあった
2 ちかづいた
3 そろえた
4 よせた

8 □□□

어휘

149 もう１時を過ぎたが、昼御飯＿＿＿＿＿＿、朝も食べていない。

1 ところが
2 のところ
3 どころか
4 のところで

8 □□□

문법

147 **1** 労働条件を**改善**する。

노동 조건을 개선한다.

문자

労	**ロウ**	: 労働 노동 · 苦労 노고
条	**ジョウ**	: 条件 조건 · 条約 조약
善	**ゼン**	: 善 선 · 改善する 개선하다

148 **1** 彼女は自分の収入に**釣り合った**生活をしなかったので、借金だらけになった。

그녀는 자신의 수입에 어울리는 생활을 하지 않았기 때문에 빚투성이가 되었다.

어휘

釣り合う (つりあう) 어울리다

そろえる 가지런히 하다 ◆スリッパを**そろえる** 슬리퍼를 가지런히 하다.

寄せる (よせる) 가까이 하다 ◆椅子を壁に**寄せる** 의자를 벽에 가까이 하다.

149 **3** もう1時を過ぎたが、昼御飯**どころか**、朝も食べていない。

벌써 1 시가 지났지만 점심밥 커녕 아침도 먹지 않았다.

문법

aどころかb a 는 커녕 b

◆冬なのに寒い**どころか**暑いくらいだ。

겨울인데 춥기는 커녕 더울 정도다.

~どころではない ~ 상황은 아니다

◆仕事**どころではありません**。すぐに入院してください。

일할 상황은 아닙니다. 바로 입원해 주십시오.

150 今日はもやせるゴミの日です。

1 鉱やせる
2 燥やせる
3 燃やせる
4 灰やせる

문자

9 □□□

151 私は、だれにでも抱(だ)っこされる＿＿＿＿赤ちゃんだったらしい。

1 甘やかされた
2 人なつっこい
3 ほがらかな
4 落ち着いている

어휘

9 □□□

152 12 月に行われる試験＿＿＿＿、10 月に模擬(もぎ)試験をします。

1 に先だって
2 をもとに
3 のもとで
4 にわたり

문법

9 □□□

정답

문자

150 3 今日は**燃やせる**ゴミの日です。

오늘은 태우는 쓰레기를 내는 날입니다.

燃 **ネン**：燃料 연료

も (-える / -やす)：燃える 타다・燃やす 태우다

鉱 **コウ**：鉱物 광물・鉱山 광산

燥 **ソウ**：乾燥する 건조하다

灰 **はい**：灰 재・灰皿 재떨이

어휘

151 2 私は、誰にでも抱っこされる**人懐っこい**赤ちゃんだったらしい。

나는 누구에게도 안기는 낯가림을 안 하는 아기였다고 합니다.

人懐っこい (ひとなつっこい) 낯가림을 안 하다

甘やかす (あまやかす) 응석받이로 키우다

◆子供を**甘やかす**な。 아이를 응석받이로 키우지 마라.

朗らかな (ほがらかな) 명랑한

落ち着く (おちつく) 침착하다 ◆**落ち着いた**人 침착한 사람

문법

152 1 12月に行われる試験**に先立って**、10月に模擬試験をします。

12월에 실시되는 시험에 앞서 10월에 모의고사를 실시합니다.

Nに先立って N에 앞서 (＝Nの前に)

Vるに先立って V 함에 앞서

◆訓練を行う**に先立って**、関係者と打ち合わせをする。

훈련을 하기에 앞서 관계자와 회의를 한다.

Nをもとに(して) N을 바탕으로

◆去年の試験問題**をもとに**、模擬試験が作られた。

작년 시험문제를 바탕으로 모의시험이 만들어졌다.

153 幼い子供が真似をするから、乱暴な言葉を使わないでください。

1　あやうい
2　おさない
3　あどけない
4　とうとい

9 □□□

154 先日の悩みは解決したが、＿＿＿＿＿問題がまた一つ増えて困っている。

1　くどい
2　やかましい
3　やっかいな
4　みっともない

9 □□□

155 駅＿＿＿＿＿小さい店が建ち並んでいる。

1　をめぐって
2　を中心に
3　にあたって
4　につれて

9 □□□

정답

153 **2** **幼い**(おさな)子供(こども)が真似(まね)をするから、乱暴(らんぼう)な言葉(ことば)を使(つか)わないでください。

어린 아이가 흉내를 내니까 난폭한 말을 사용하지 마십시오.

문자

[幼] **ヨウ**：幼児(ようじ) 유아・幼稚(ようち)な 유치한・幼稚園(ようちえん) 유치원

おさな (-い)：幼い(おさな) 어린

[似] **に** (-る)：似る(に) 닮다　＊真似(まね) 흉내

[乱] **ラン**：乱暴(らんぼう)な 난폭한・混乱(こんらん)する 혼란하다

みだ (-れる / -す)：乱れる(みだ) 흐트러지다・乱す(みだ) 어지럽히다

154 **3** 先日(せんじつ)の悩(なや)みは解決(かいけつ)したが、**やっかいな**問題(もんだい)がまた一(ひと)つ増(ふ)えて困(こま)っている。

전날의 고민은 해결했지만 성가신 문제가 또 하나 늘어서 난처해졌다.

어휘

やっかいな	성가신（＝面倒(めんどう)な）
くどい	장황하다　◆祖父(そふ)の話(はなし)はくどい。조부의 이야기는 장황하다.
やかましい	요란스럽다（＝うるさい／そうぞうしい）
みっともない	보기 흉하다

155 **2** 駅(えき)**を中心(ちゅうしん)に**小(ちい)さい店(みせ)が建(た)ち並(なら)んでいる。

역을 중심으로 작은 가게가 늘어서 있다.

문법

Nを中心に　N을 중심으로

◆ビル建設問題(けんせつもんだい)**を中心(ちゅうしん)に**会議(かいぎ)を進(すす)めた。

빌딩 건설문제를 중심으로 회의를 진행했다.

Nをめぐって　N을 둘러싸고

◆ビル建設問題(けんせつもんだい)**をめぐって**議論(ぎろん)になった。

빌딩 건설문제를 둘러싸고 논의가 되었다.

156 どの<u>候補者</u>に投票(とうひょう)するか、演説を聞いて決める。

1　こうぼしゃ
2　こうほうしゃ
3　こうほしゃ
4　こほしゃ

11 □□□

문자

157 女の人がホームで＿＿＿＿＿いる。どうしたのかな。

1　またいで
2　しゃがんで
3　すべって
4　つまづいて

11 □□□

어휘

158 親切な彼女の＿＿＿＿＿、引き受けてくれるだろう。

1　ことには
2　ことから
3　ことでも
4　ことだから

11 □□□

문법

문자

156 **3** どの**候補者**(こうほしゃ)に投票(とうひょう)するか、演説(えんぜつ)を聞(き)いて決(き)める。

어느 후보자에게 투표할지 연설을 듣고 결정한다.

[候] **コウ**：気候(きこう) 기후・天候(てんこう) 천후 / 날씨

[補] **ホ**：候補(こうほ) 후보・候補者(こうほしゃ) 후보자・補足(ほそく)する 보충하다

おぎな（-う）：補(おぎな)う 보충하다

[演] **エン**：演説(えんぜつ) 연설・演劇(えんげき) 연극・演習(えんしゅう) 연습・公演(こうえん) 공연

어휘

157 **2** 女(おんな)の人(ひと)がホームで**しゃがんで**いる。どうしたのかな。

여자가 홈에서 웅크려 앉아 있다. 무슨 일일까.

[しゃがむ] 웅크리고 앉다

[またぐ] 걸쳐 넘다

◆寝(ね)ている人(ひと)を**またいで**はいけない。

자고 있는 사람을 걸쳐 넘어서는 안된다.

[すべる] 미끄러지다

[つまづく] 발이 걸려 넘어지다

◆石(いし)に**つまづいて**転(ころ)んだ。 돌에 걸려 넘어졌다.

문법

158 **4** 親切(しんせつ)な彼女(かのじょ)の**ことだから**、引(ひ)き受(う)けてくれるだろう。

친절한 그녀이니까 맡아 줄 것이다.

[Nのことだから] N(일)이니까

◆大(おお)げさな彼(かれ)**のことだから**、病気(びょうき)だといっても大(たい)したことはないでしょう。

호들갑 떠는 그의 일이니 아프다고 해도 대수롭지 않을 것입니다.

[~ことから] ~인해 ＊유래를 나타냄

◆東京(とうきょう)は京都(きょうと)に対(たい)して東(ひがし)にある**ことから**東(ひがし)の京(きょう)、という名(な)がついたそうだ。

도쿄는 교토에 비해 동쪽에 있음으로 동쪽의 교(수도)라는 이름이 붙었다고 한다.

159 部長はさっきからうでを組んで何か考えているようだ。

1 腰
2 腕
3 胸
4 頭

12 □□□

문자

160 この仕事を＿＿＿＿＿しないと、落ち着いて食事もできない。

1 なんとも
2 なにかと
3 なにより
4 なんとか

12 □□□

어휘

161 テレビ番組での知事の発言＿＿＿＿＿、市民から批判の電話が鳴り続けた。

1 にもかかわらず
2 をめぐって
3 にあたって
4 をとわず

12 □□□

문법

159 **2** 部長はさっきから**腕**を組んで何か考えているようだ。

부장은 아까부터 팔짱을 끼고 뭔가 생각하고 있는 것 같다.

문자

腕	**うで**	腕 팔 / 팔짱 / 완력 / 솜씨 / 실력 / 기술
腰	**ヨウ**	腰痛 요통
	こし	腰 허리 · 腰かける 걸터앉다
胸	**むね**	胸 가슴
頭	**トウ**	頭部 두부　**ズ** : 頭痛 두통
	あたま	頭 머리　**かしら** : 頭文字 두문자 / 머리글자

160 **4** この仕事を**なんとか**しないと、落ち着いて食事もできない。

이 일을 어떻게든 하지 않으면 차분히 식사도 못 한다.

어휘

何とかする 어떻게든 하다

◆ 私に任せてください。**何とかしましょう**。

저에게 맡겨주세요. 어떻게든 해봅시다.

何とかなる 어떻게든 되다

◆ そのうち**何とかなる**でしょう。

머지않아 어떻게든 되겠죠.

161 **2** テレビ番組での知事の発言**をめぐって**、市民から批判の電話が鳴り続けた。

TV 프로그램에서의 지사의 발언을 둘러싸고 시민으로부터 비판의 전화가 계속 울렸다.

문법

Nをめぐって N을 둘러싸고

~にあたって ~에 있어서

◆ テレビに出演する**にあたって**打ち合わせをする。

TV에 출연함에 있어서 사전 협의를 한다.

162 もう一人、社員を<u>雇おう</u>。

1 すくおう
2 うらなおう
3 うかがおう
4 やとおう

13 □□□

163 犬に顔を＿＿＿＿＿、べとべとになった。

1 なめられて
2 しゃぶられて
3 かじられて
4 くわえて

13 □□□

164 いくら品物のよさを強調されても、実際に手にとって＿＿＿＿＿本当にいいかどうかはわかりません。

1 みることだから
2 みないことから
3 みるにともない
4 みないことには

13 □□□

문자

162 **4** もう一人、社員を<u>**雇おう**</u>。

한 명 더 직원을 고용하자.

雇	**やと** (-う) : 雇う 고용하다
占	**し** (-める) : 占める 차지하다　**うらな** (-う) : 占う 점치다
伺	**うかが** (-う) : 伺う 묻다 / 방문하다

어휘

163 **1** 犬に顔を<u>**なめられて**</u>、べとべとになった。

개가 얼굴을 핥아서 끈적끈적해졌다.

なめる	핥다	
しゃぶる	빨다	◆指を**しゃぶる** 손가락을 빨다
かじる	베어 먹다	◆リンゴを**かじる** 사과를 베어 먹다
くわえる	입에 물다	◆タバコを**くわえる** 담배를 입에 물다

＊加える 더하다

문법

164 **4** いくら品物のよさを強調されても、実際に手にとって<u>**みないことには**</u>本当にいいかどうかはわかりません。

아무리 물건의 장점이 강조되어도 실제로 손에 쥐어 보지 않고서는 정말 좋은지 어떤지는 알 수 없습니다.

Vないことには　V 않고서는 (＝Vなければ)

◆<u>食べてみ**ないことには**</u>味はわからない。

먹어보지 않고서는 맛을 알 수 없다.

◆いい辞書を持っていても<u>使わ**ないことには**</u>意味がない。

좋은 사전을 갖고 있어도 사용하지 않으면 의미가 없다.

165 大人になったら、<u>りょうし</u>になって海で働きたい。

1 兵士
2 武士
3 漁師
4 理容師

14 □□□

문자

166 このところ＿＿＿＿＿冷えてきたね。ヒーターを出さないと。

1 ざっと
2 むしろ
3 ぐっと
4 わりに

14 □□□

어휘

167 母親は、息子の書いた絵を毎日毎日飽(あ)きる＿＿＿＿＿眺(なが)めた。

1 ばかりに
2 ように
3 ことなく
4 にかまわず

14 □□□

문법

165 **3** 大人になったら、漁師になって海で働きたい。

어른이 되면 어부가 되어서 바다에서 일하고 싶다 .

문자

漁	**ギョ** : 漁業 어업 **リョウ** : 漁師 어부
師	**シ** : 教師 교사 · 看護師 간호사 · 美容師 미용사 · 理容師 이용사
兵	**ヘイ** : 兵隊 군인 · 兵士 병사
武	**ブ** : 武士 무사 · 武器 무기

166 **3** このところぐっと冷えてきたね。ヒーターを出さないと。

요즘 부쩍 날씨가 차가워졌네 . 히터를 꺼내지 않으면 안 되겠다 .

어휘

ぐっと 부쩍

ざっと 대충 ◆**ざっと**掃除する 대충 청소하다

むしろ 오히려

◆Aより**むしろ**Bの方が好きだ。 A 보다 오히려 B 쪽을 좋아한다 .

割に **割と** **割合** (わりに／わりと／わりあい) 꽤 / 비교적 / 비율 (＝比較的)

167 **3** 母親は、息子の書いた絵を毎日毎日飽きることなく眺めた。

모친은 아들이 그린 그림을 싫증 내는 일 없이 매일 매일 바라보았다 .

문법

Vることなく V 하지 않고 (＝Vないで)

◆両国は争うことなく問題を解決した。

양국은 싸우지 않고 문제를 해결했다 .

◆父は休むことなく働き続け、ついに体を壊してしまった。

아버지는 쉬지 않고 일을 계속해 결국 몸을 상하고 말았다 .

168 本を棚(たな)に戻してください。

1 もどして
2 かえして
3 とかして
4 かたして

15 □□□

169 A「トイレの掃除、お願いね。洗濯物も入れておいてね。」
B「人使いが＿＿＿＿ねえ。」

1 あらい
2 くどい
3 きつい
4 つらい

15 □□□

170 社員募集。年齢・性別・経験の有無＿＿＿＿採用します。

1 をとわず
2 をきっかけに
3 をこめて
4 をかぎりに

15 □□□

168 **1** 本を棚に**戻して**ください。

책을 책장에 되돌려 놓아 주십시오 .

문자

戻 **もど** (-る / -す) : 戻る 되돌아가다 · 戻す 되돌리다

返 **ヘン** : 返事 대답 / 답장

かえ (-る / -す) : 返る 돌아가다 · 返す 돌리다

溶 **ヨウ** : 溶岩 용암

と (-ける / -かす / -く) : 溶ける 녹다 · 溶かす 녹이다 · 溶く 풀다

169 **1** A「トイレの掃除、お願いね。洗濯物も入れておいてね。」

B「人使いが**荒い**ねえ。」

A「화장실 청소 부탁해 . 빨래감도 넣어 두고 .」

B「사람을 거칠게 다루네 .」

어휘

荒い (あらい) 거칠다 ◆**波が荒い** 파도가 거칠다

＊人使いが荒い 사람을 거칠게 다루다

◆**金遣いが荒い** 돈의 씀씀이가 헤프다

◆**言葉遣いが荒い** 말씨가 거칠다

170 **1** 社員募集。年齢・性別・経験の有無**を問わず**採用します。

직원 모집 . 나이 · 성별 · 경험의 여부를 불문하고 채용합니다 .

문법

Nを問わず N 을 불문하고

Nをきっかけに N 을 계기로

◆**事件をきっかけに**町は変わった。

사건을 계기로 마을은 변했다 .

◆**病気をきっかけに**タバコをやめた。

병을 계기로 담배를 끊었다 .

171 材料をギョーザの皮で<u>包みます</u>。

1 たたみます
2 はさみます
3 つつみます
4 にこみます

문자

16 □□□

172 A「田中さんは、美人でスタイルもいいし、もてて困るでしょう。」
B「そんなことないですよ。________ください。」

1 からかわないで
2 なぐさめないで
3 おどかさないで
4 けなさないで

어휘

16 □□□

173 有名な人の作品________、すばらしいとは限らない。

1 だけあって
2 だからといって
3 のことだから
4 にもかかわらず

문법

16 □□□

정답

171 3 材料をギョーザの皮で**包みます**。

재료를 만두피로 쌉니다 .

문자

| 材 | **ザイ** : 材料 재료
| 皮 | **ヒ** : 皮膚 피부 · 皮肉 가죽과 살 / 빈정거림
かわ : 皮 껍질 / 가죽 · 毛皮 모피
| 包 | **ホウ** : 包装 포장 · 包帯 붕대
つつ (-む) : 包む 싸다 / 포장하다 · 小包 소포

172 1 A「田中さんは、美人でスタイルもいいし、もてて困るでしょう。」
B「そんなことないですよ。**からかわないで**ください。」

A「다나카 씨는 미인이고 스타일도 좋아 인기가 많아서 곤란하시지요 .」

B「그런 일 없어요 . 놀리지 마세요 .」

어휘

からかう 놀리다

慰める (なぐさめる) 위로하다

脅かす (おどかす) 위협하다

けなす 헐뜯다 / 비방하다 ◆服装を**けなされた** 복장이 비방되었다

173 2 有名な人の作品**だからといって**、すばらしいとは限らない。

유명한 사람의 작품이라고 해서 꼭 훌륭한 것이라고는 할 수 없다 .

문법

～からといって ~ 라고 해서

◆果物が体にいい**からといって**、食べ過ぎるのはよくない。

과일이 몸에 좋다고 해서 너무 많이 먹는 것은 좋지 않다 .

◆海外留学した**からといって**、語学が上達するとは限らない。

해외유학을 했다고 해서 어학이 향상된다고는 할 수 없다 .

174 田中は夫の名字で、私の<u>きゅうせい</u>は中村です。

1 元姓
2 旧姓
3 臣姓
4 久姓

문자

17 □□□

175 そんな＿＿＿＿＿はなかったのに、田中さんを怒らせてしまった。

1 心配
2 計画
3 つもり
4 ようす

어휘

17 □□□

176 心を＿＿＿＿＿作った料理は何でもおいしいものだ。

1 こめて
2 とわず
3 めぐって
4 ぬきに

문법

17 □□□

174 **2** 田中は夫の名字で、私の**<u>旧姓</u>**は中村です。
다나카는 남편의 성이고 저의 구 성 (결혼 전의 성) 은 나카무라입니다 .

문자

旧	**キュウ** : 旧姓 구 성 · 旧正月 구 정월
姓	**セイ** : 姓 성
臣	**ジン** : 大臣 대신 / 장관
久	**キュウ** : 永久 영구
	ひさ (- しい) : 久しぶり 오랜만

175 **3** そんな**<u>つもり</u>**はなかったのに、田中さんを怒らせてしまった。
그런 생각은 없었는데 다나카 씨를 화나게 했다 .

어휘

つもり 생각 (의도) (=気)

- ◆そんな**つもり**はありません。 그런 생각은 없습니다 .
- ◆あなたを傷つける**つもり**はなかった。 당신을 상처입힐 생각은 없었다 .
- ◆どういう**つもり**？ 무슨 생각이야 ?

176 **1** 心を**<u>こめて</u>**作った料理は何でもおいしいものだ。
마음을 담아 만든 요리는 무엇이든 맛있게 마련이다 .

문법

Nをこめて N 을 담아

◆ **<u>力をこめる</u>** 힘을 주다 / 힘을 기울이다 / 힘을 집중하다
＊ 力がこもる 힘이 들어가다
◆ **<u>気持ちがこもった</u>**料理はおいしい。 정성이 담긴 요리는 맛있다 .

177 A「御両親へお土産を買って行きたいんですが。」
B「じゃ、途中でデパートに寄りましょう。」

1 とうちゅう
2 とちゅう
3 どうちゅう
4 どちゅう

18 □□□

문자

178 自転車が故障したので、肩に＿＿＿＿＿運んだ。

1 どけて
2 はさんで
3 つっこんで
4 かついで

18 □□□

어휘

179 この薬は＿＿＿＿＿からでないと、飲んではいけません。

1 食事をしない
2 食事をする
3 食事をして
4 食事をした

18 □□□

문법

177 **2** A「御両親へお土産を買って行きたいんですが。」
B「じゃ、**途中**でデパートに寄りましょう。」

A「부모님께 선물을 사 가고 싶은데요.」
B「그럼, 도중에 백화점에 들릅시다.」

문자

御	**ゴ**：御飯 밥・御家族 가족
	おん：御中 귀중
途	**ト**：途中 도중
寄	**キ**：寄付する 기부하다
	よ (-る / -せる)：寄る 접근하다 / 들리다・寄せる 밀려오다 / 보내다

178 **4** 自転車が故障したので、肩に**担いで**運んだ。
자전거가 고장이 나서 어깨에 메고 운반했다.

어휘

担ぐ	(かつぐ) 메다 / 추대하다 / 속이다
どける	치우다 ◆椅子を**どける** 의자를 치우다 ＊どく 물러나다 / 비키다 ◆ちょっと**どいて**。 잠깐 비켜봐.
はさむ	끼다 / 사이에 두다 ◆ドアに指を**はさむ** 문에 손가락을 끼다
突っ込む	(つっこむ) 찔러 넣다 ◆ポケットに手を**突っ込む** 주머니에 손을 찔러 넣다

179 **3** この薬は**食事をして**からでないと、飲んではいけません。

OK 食事をしてから飲んでください。

이 약은 식사를 한 후가 아니면 먹어서는 안됩니다.

문법

V_1てからでないとV_2ない | **V_1てからでなければV_2ない**

(＝V_2 するためには V_1 をしなければならない)

◆この店は食券を買っ**てからでないと**入れ**ません**。(＝買ってからでなければ)
이 가게는 식권을 사지 않고는 들어갈 수 없습니다.

◆妻と相談し**てからでなければ**、お返事でき**ません**。(＝相談してからでないと)
아내와 상의하지 않고는 답할 수 없습니다.

180 みんなでわになって、踊りましょう。

1 玉
2 輪
3 岩
4 和

19 □□□

181 田中さん、私の言ったことで気を________らしく、口をきいてくれないの。

1 悪くした
2 落とした
3 さわった
4 かかった

19 □□□

182 彼女の定期券を拾った________、私たちは友達になった。

1 からといって
2 のをもとに
3 からより
4 のをきっかけに

19 □□□

180 **2** みんなで**輪**になって、踊りましょう。

모두 둥글게 서서 춤을 춥시다 .

문자

[輪] **リン**：**車輪** 차륜 / 수레바퀴

わ：**輪** 바퀴 / 원형 · **指輪** 반지

[玉] **たま**：**玉** 구슬 · **玉**ねぎ 양파

[岩] **ガン**：**溶岩** 용암

いわ：**岩** 바위

[和] **ワ**：**和室** 일본식 방 / 화실 · **平和** 평화

なご (-やか)：**和**やか 부드러움 / 온화함　**やわ** (-らぐ)：**和**らぐ 누그러지다

181 **1** 田中さん、私の言ったことで気を**悪くした**らしく、口をきいてくれないの。　OK 気に障った

다나카 씨는 내가 한 말에 기분이 상했는지 얘기도 안 해요 .

어휘

気を悪くする (きをわるくする) 기분을 상하게 하다

気を落とす (きをおとす) 낙심하다

◆そんなに**気を落とさないで**。그렇게 낙심하지마 .

気に障る (きにさわる) 비위에 거슬리다 (＝気を悪くする)

182 **4** 彼女の定期券を拾った**のをきっかけに**、私たちは友達になった。

그녀의 정기권을 주운 일을 계기로 우리는 친구가 되었다 .

문법

Nをきっかけに **Nを契機に**　N 을 계기로

◆結婚**をきっかけに**マンションを買うことにした。

결혼을 계기로 맨션을 사기로 했다 .

◆転職**を契機に**生活習慣を改めた。

이직을 계기로 생활습관을 고쳤다 .

＊「～を契機に」는 딱딱한 문장에 사용

183 総理大臣は米国を訪問し、環境問題について語った。

1　かんきゅう
2　けんきゅう
3　けんきょう
4　かんきょう

20 □□□

문자

184 近くに新しいレストランができたので、＿＿＿＿＿
行ってみた。

1　いずれ
2　さっそく
3　たびたび
4　とうとう

20 □□□

어휘

185 山本君はスポーツはできないが、＿＿＿＿＿学校で
一番だ。

1　頭がいいからといって
2　頭がいいどころか
3　頭のよさをぬきにして
4　頭のよさにかけては

20 □□□

문법

문자

183 **4** 総理大臣は米国を訪問し、**環境**問題について語った。

수상은 미국을 방문하여 환경 문제에 대해 말했다.

[総] **ソウ** : 総理大臣 총리대신 / 수상 · 総合 종합

[訪] **ホウ** : 訪問する 방문하다

たず (-ねる) : 訪ねる 방문하다 **おとず** (-れる) : 訪れる 방문하다

[環] **カン** : 環境 환경

어휘

184 **2** 近くに新しいレストランができたので、**早速**行ってみた。

근처에 새로운 레스토랑이 생겨서 바로 가봤다.

早速 (さっそく) 즉시 / 바로

いずれ 머지않아

◆景気は**いずれ**よくなるだろう。 경기는 머지않아 좋아질 것이다.

たびたび 자주 (＝よく／しばしば)

とうとう 마침내

◆田中さんは**とうとう**来なかった。 다나카 씨는 마침내 오지 않았다.

문법

185 **4** 山本君はスポーツはできないが、**頭のよさにかけては**学校で一番だ。

야마모토 군은 스포츠는 못 하지만 머리가 좋은 점에 있어서는 학교에서 제일이다.

Nにかけては N 에 있어서는

◆演説のうまさ**にかけては**彼の右に出る者はいない。

연설의 우수함에 있어서는 그를 능가할 사람이 없다.

◆ちょっと高いけれど、おいしさ**にかけては**この店が一番だ。

조금 비싸지만 맛에 있어서는 이 가게가 제일이다.

186 <u>狭い</u>部屋でも構いません。安いほうがいいです。

1 あさい
2 ひろい
3 せまい
4 きつい

21 □□□

문자

187 今日の午後、雨は＿＿＿＿＿強くなるでしょう。

1 ただちに
2 すでに
3 ひとりでに
4 しだいに

21 □□□

어휘

188 台風で家が飛ばされそうになり、みな、学校や仕事に＿＿＿＿＿どころではなかった。

1 行って
2 行く
3 行かない
4 行った

21 □□□

문법

186 **3** **狭い**部屋でも構いません。安いほうがいいです。

좁은 방이라도 괜찮습니다. 값이 싼 편이 좋습니다.

문자

狭	**せま** (-い) : 狭い 좁다
構	**コウ** : 結構な 괜찮은 · 構成する 구성하다
	かま (-う) : 構わない 괜찮다
浅	**あさ** (-い) : 浅い 얕다

187 **4** 今日の午後、雨は**次第に**強くなるでしょう。

오늘 오후에 비는 점차 거세어질 것입니다.

어휘

次第に (しだいに) 점차 (점점) (= だんだん)

直ちに (ただちに) 바로 ◆**直ちに**手術をする 바로 수술을 하다

すでに 이미

◆その家は**すでに**売れてしまった。 그 집은 이미 팔려 버렸다.

ひとりでに 저절로

◆ドアが**ひとりでに**開いた。 문이 저절로 열렸다.

188 **2** 台風で家が飛ばされそうになり、みな、学校や仕事に**行く**どころではなかった。 **OK** 学校や仕事どころではなかった

태풍으로 집이 날아갈 것 같아 모두 학교나 일하러 갈 상황이 아니었다.

문법

～どころではない ～할 상황은 아니다

◆仕事をクビになり、貯金**どころではない**。

직장에서 해고되어 저금을 할 상황은 아니다.

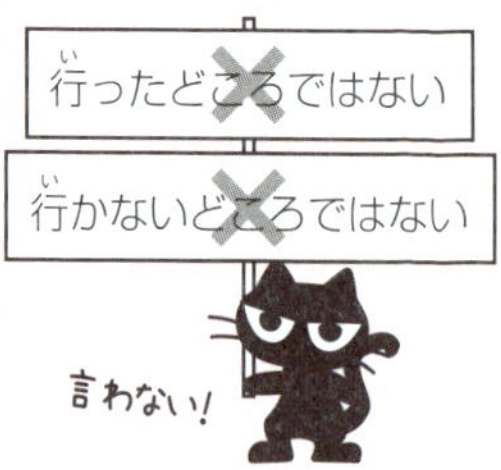

189 <u>はたけ</u>を耕し、種をまいた。

1 畳
2 畑
3 埋
4 細

문자

22 □□□

190 どうしたんだろう。家の前に人が＿＿＿＿＿いるよ。

1 おおぜい
2 おおいに
3 おおよそ
4 おおくに

어휘

22 □□□

191 CO_2 を減らすことを目的＿＿＿＿＿運動が盛(さか)んに行われている。

1 による
2 にそった
3 とした
4 にさいした

문법

22 □□□

189 **2** <u>畑</u>を耕し、種をまいた。

밭을 갈고 씨를 뿌렸다.

문자

畑	**はたけ** : 畑 밭
耕	**コウ** : 耕地 경작지
	たがや (-す) : 耕す (논밭을) 갈다
畳	**ジョウ** : 6畳 6조
	たたみ : 畳 다다미
埋	**う** (-める) : 埋める 묻다

190 **1** どうしたんだろう。家の前に人が<u>**大勢**</u>いるよ。

무슨 일일까? 집 앞에 사람들이 여럿 있어요.

어휘

大勢 (おおぜい)	많은 사람 / 여럿 (= たくさん) ◆**大勢**の人 많은 사람
大いに (おおいに)	크게
お(お)よそ	대강

191 **3** CO_2 を減らすことを<u>目的**とした**</u>運動が盛んに行われている。

CO_2 를 줄이는 것을 목적으로 한 운동이 활발하게 이루어지고 있다.

문법

N_1をN$_2$とする	N_1 을 N_2 로 하다

◆このテレビ番組は、<u>自然や地球**をテーマとしている**</u>。

이 TV 프로그램은 자연과 지구를 테마로 하고 있다.

◆<u>高齢者**を**対象**とする**</u>ビジネスが増えている。

고령자를 대상으로 하는 비즈니스가 늘고 있다.

192 準備が<u>整い</u>次第、運転を再開します。

1 いきおい
2 おこない
3 ととのい
4 うたがい

문자

23 □□□

193 そういう問題は、人を________自分で解決することが重要です。

1 たよらずに
2 ためさずに
3 だまさずに
4 ためずに

어휘

23 □□□

194 安いものを上手に買うこと________、彼女に勝てる人はいない。

1 にわたっては
2 にかけては
3 をきっかけに
4 をぬきには

문법

23 □□□

192 **3** 準備が**整い**次第、運転を再開します。

준비가 되는 대로 운전을 재개합니다 .

문자

整	**セイ**：**整理する** 정리하다・**整理券** 정리권・**整数** 정수
	ととの (-う)：**整う** 가지런해지다 / 갖추어지다 / 정돈되다
勢	**セイ**：**大勢** 많은 사람・**姿勢** 자세
	いきお (-い)：**勢い** 기세
疑	**ギ**：**疑問** 의문
	うたが (-う)：**疑う** 의심하다

193 **1** そういう問題は、人を**頼らずに**自分で解決することが重要です。

그런 문제는 다른 사람에게 의지하지 말고 스스로 해결하는 것이 중요합니다 .

어휘

頼る (たよる) 의지하다

試す (ためす) 시도하다　◆**自分の力を試す** 자신의 힘을 시험하다

だます 속이다　◆**人をだます** 사람을 속이다

ためる 모으다　◆**お金を貯める** 돈을 모으다

*洗濯物がたまる 세탁물이 쌓이다

194 **2** 安いものを上手に買うこと**にかけては**、彼女に勝てる人はいない。

싼 물건을 잘 사는 것에 있어서는 그녀를 이길 사람이 없다 .

문법

Nにかけては N 에 있어서는

◆このリンゴ、立派だけれど、**味にかけては**もう一つだね。

이 사과 더할 나위 없지만 맛에 있어서는 별로네 .

◆私は速く**走ることにかけては**クラスの誰にも負けない。

나는 빨리 달리는 것에 있어서는 클래스 누구에게도 지지 않는다 .

195 今日は天気がいいから、布団をほそう。

1 放そう
2 超そう
3 干そう
4 戻そう

문자

24 □□□

196 A「サッカーの試合、何時から？」
B「もう＿＿＿＿＿始まってるよ。」

1 とつぜん
2 ついに
3 とっくに
4 やっと

어휘

24 □□□

197 たとえ無理な約束でも、約束した＿＿＿＿＿、どんなことがあっても守るつもりだ。

1 からには
2 からといって
3 ばかりに
4 どころか

문법

24 □□□

195 **3** 今日(きょう)は天気(てんき)がいいから、布団(ふとん)を**干(ほ)そう**。

오늘은 날씨가 좋으니까 이불을 널어서 말리자.

문자

[干] **ほ** (-す)：干(ほ)す 말리다

[放] **ホウ**：放送(ほうそう)する 방송하다・開放(かいほう)する 개방하다・解放(かいほう)する 해방하다

はな (-れる / -す)：放(はな)れる 놓이다 / 풀리다・放(はな)す 놓다 / 놓아주다

[超] **チョウ**：超過(ちょうか)する 초과하다

こ (-える / -す)：超(こ)える 지나가다 / 기준을 넘다・超(こ)す 넘다 / 초과하다

196 **3** A「サッカーの試合(しあい)、何時(なんじ)から？」

B「もう**とっくに**始(はじ)まってるよ。」

A「축구 경기, 몇 시부터지?」

B「벌써 훨씬 전에 시작했어.」

어휘

とっくに	훨씬 전에	
突然	(とつぜん) 갑자기	
ついに	드디어	◆**ついに**できた。 드디어 됐다.
やっと	겨우	◆**やっと**わかった。 겨우 알았다.

197 **1** たとえ無理(むり)な約束(やくそく)でも、約束(やくそく)した**からには**、どんなことがあっても守(まも)るつもりだ。

설령 무리한 약속이라도 약속한 이상에는 어떤 일이 있어도 지킬 생각이다.

문법

～からには ～한 이상에는

◆受験(じゅけん)する**からには**合格(ごうかく)したい。

시험을 보는 이상에는 합격하고 싶다.

～からといって ～라고 해서

◆約束(やくそく)した**からといって**、誰(だれ)でも守(まも)るとは限(かぎ)らない。

약속했다고 해서 누구나 지킨다고는 할 수 없다.

198 髪が<u>伸びた</u>ので、床屋へ行くつもりだったが、風邪で延期した。

1 のびた
2 さびた
3 あびた
4 おびた

25 □□□

문자

199 犬が逃げたので＿＿＿＿＿けれど、捕まえることができなかった。

1 追い越した
2 追いかけた
3 引きとめた
4 引き返した

25 □□□

어휘

200 このドラマは、実際にあった話＿＿＿＿＿制作されました。

1 のもとで
2 によると
3 をもとに
4 にそった

25 □□□

문법

정답

198 **1** 髪が**伸びた**ので、床屋へ行くつもりだったが、風邪で延期した。

머리가 길어서 이발소에 갈 생각이었는데 감기 때문에 연기했다.

문자

髪 **ハツ** : 整髪料 정발료 / 이발료 · 白髪 백발

かみ : 髪 머리 · 髪の毛 머리카락 ＊白髪 흰머리

伸 **の** (-びる / -ばす) : 伸びる 펴지다 / 자라다 · 伸ばす 펴다

延 **エン** : 延長する 연장하다 · 延期する 연기하다

の (-びる / -ばす) : 延びる 길어지다 / 연장되다 · 延ばす 연장시키다 / 연기하다

199 **2** 犬が逃げたので**追いかけた**けれど、捕まえることができなかった。

개가 달아났기 때문에 뒤쫓아 갔는데 잡을 수가 없었다.

어휘

追いかける (おいかける) 뒤쫓아 가다

追い越す (おいこす) 추월하다 ◆車を**追い越す** 차를 추월하다

引きとめる (ひきとめる) 붙잡다 ◆客を**引きとめる** 손님을 붙잡다

引き返す (ひきかえす) 되돌리다 ◆家に**引き返す** 집으로 되돌아가다

200 **3** このドラマは、実際にあった話**をもとに**制作されました。

이 드라마는 실제로 있었던 이야기를 바탕으로 제작되었습니다.

문법

Nをもとに(して) N을 바탕으로

◆過去のデータ**をもとに**予想する。

과거의 데이터를 바탕으로 예상하다.

Nのもとで N 하에서

◆**親のもとで**育つ 부모 아래서 자라다.

201 その爆発事故のニュースは、翌日の朝刊に大きく取り上げられた。

1 よくじつ
2 よくにち
3 あくるひ
4 みょうにち

26 □□□

문자

202 この件を解決するために、何かいい________があったら出してください。

1 案
2 運
3 能
4 質

26 □□□

어휘

203 この植物には毒があるというが、確かに色________普通ではない。

1 からこそ
2 からには
3 からして
4 からといって

26 □□□

문법

201 **1** その爆発事故のニュースは、**翌日**の朝刊に大きく取り上げられた。

그 폭발 사고 뉴스는 다음날 조간신문에 크게 보도되었다.

문자

爆	**バク** : 爆発する 폭발하다
翌	**ヨク** : 翌日 다음날 · 翌年 다음해
刊	**カン** : 朝刊 조간 · 週刊誌 주간지

202 **1** この件を解決するために、何かいい**案**があったら出してください。

이 건을 해결하기 위해 어떤 좋은 안이 있으면 제출해 주십시오.

어휘

案 (あん) 안 (생각) ◆**案**を出す 안을 내다

運 (うん) 운 ◆**運**がいい 운이 좋다

能 (のう) 능력 (= 能力 / 才能)

◆ 弟は野球をするしか**能**がない。

남동생은 야구를 하는 것밖에 능력이 없다.

質 (しつ) 질 ◆**質**がいい 질이 좋다

203 **3** この植物には毒があるというが、確かに色**からして**普通ではない。

이 식물에는 독이 있다고 하는데 확실히 색깔부터가 보통이 아니다.

문법

Nからして N 부터가

◆あの人は言葉づかい**からして**上品だ。

저 사람은 말투부터가 점잖다.

◆彼の家は門**からして**立派だ。

그의 집은 문부터가 훌륭하다.

204 名前や住所を<u>とうろく</u>した。

1 依頼
2 登録
3 変更
4 申告

27 □□□

문자

205 演奏(えんそう)が終わると、観客は＿＿＿＿＿立ち上がって拍手(はくしゅ)した。

1 いまにも
2 かってに
3 ひっしに
4 いっせいに

27 □□□

어휘

206 コンピューターは＿＿＿＿＿ものの、故障したりすると本当に困る。

1 便利
2 便利な
3 便利だ
4 便利じゃない

27 □□□

문법

204 **2** 名前や住所を**登録**した。

이름과 주소를 등록했다.

문자

| 録 | **ロク**：登録する 등록하다・記録する 기록하다
| 依 | **イ**：依頼する 의뢰하다
| 更 | **コウ**：変更する 변경하다・更新する 갱신하다
さら：更に 더욱이 / 게다가　**ふ** (-ける)：夜が更ける 밤이 깊어지다
| 申 | **シン**：申告する 신고하다
もう (-す)：申す 말하다・申し上げる 말씀드리다

205 **4** 演奏が終わると、観客は**一斉に**立ち上がって拍手した。

연주가 끝나자 관객들은 일제히 일어나 박수를 보냈다.

어휘

一斉に (いっせいに) 일제히

今にも (いまにも) 이제 곧 / 조금 있으면

◆ **今にも**雨が降りそうだ。 이제 곧 비가 올 것 같다.

勝手に (かってに) 마음대로　◆ **勝手に**する 마음대로 하다

必死に (ひっしに) 필사적으로 (불가피하게)　◆ **必死に**働く 필사적으로 일하다

206 **2** コンピューターは**便利な**ものの、故障したりすると本当に困る。

컴퓨터는 편리하긴 하지만 고장 나거나 하면 정말 난처하다.

문법

～ものの　~하기는 하지만 (＝～けれど)

◆ この町は都心から遠くて不便ではある**ものの**、静かなので気に入っている。

이 마을은 도심에서 멀어 불편하긴 하지만 조용해서 마음에 든다.

◆ 一生懸命勉強している**ものの**、成績はよくならない。

열심히 공부하고는 있지만 성적은 좋아지지 않는다.

207 彼女には健康上の悩みがあるようだ。

1 にらみ
2 いやみ
3 ひがみ
4 なやみ

문자

28 □□□

208 タバコは吸っている本人だけではなく、近くにいる人にも＿＿＿＿＿になる。

1 罪
2 害
3 悪
4 損

어휘

28 □□□

209 非常＿＿＿＿＿このボタンを押してください。

1 の際には
2 に際して
3 の最中に
4 の中を

문법

28 □□□

207 **4** 彼女(かのじょ)には健康上(けんこうじょう)の**悩(なや)み**があるようだ。

그녀에게는 건강상의 고민이 있는 것 같다.

문자

| 健 | **ケン** : 保健(ほけん) 보건
| | **すこ** (-やか) : 健(すこ)やか 건강함
| 康 | **コウ** : 健康(けんこう) 건강
| 悩 | **なや** (-む / -ます) : 悩(なや)む 고민하다 · 悩(なや)み 고민 · 悩(なや)ます 괴롭히다

208 **2** タバコは吸(す)っている本人(ほんにん)だけではなく、近(ちか)くにいる人(ひと)にも**害(がい)**になる。

담배는 피우고 있는 본인뿐 아니라 가까이에 있는 사람에게도 해가 된다.

어휘

害 (がい) 해 (나쁜 영향) ◆**害(がい)**を与(あた)える 해를 입히다

罪 (つみ) 죄 ◆**罪(つみ)**を犯(おか)す 죄를 범하다

悪 (あく) 악 ◆善(ぜん)と**悪(あく)** 선과 악

損 (そん) 손해 ◆**損(そん)**をする 손해를 보다 ⇔ 得(とく)をする 득을 보다

209 **1** 非常(ひじょう)**の際(さい)には**このボタンを押(お)してください。

비상시에는 이 버튼을 누르십시오.

문법

~際(に / は) (=~ときには) ＊딱딱한 표현 ＊~の際(さい)／Vる際(さい)／Vた際(さい)

◆引(ひ)っ越(こ)しました。お近(ちか)くに**お越(こ)しの際(さい)には**お立(た)ち寄(よ)りください。

(=来(き)たときには) 이사했습니다. 근처에 오실 때는 들러주십시오.

~中を (어떤 상태가 진행되는) 가운데

◆**雨(あめ)の中(なか)を**お集(あつ)まりいただきまして、ありがとうございます。

비가 오는 가운데 모여주셔서 감사합니다.

210 この事故に関して、会社はせきにんを負うべきだ。

1 青任
2 績任
3 積任
4 責任

문자

29 □□□

211 この夏の＿＿＿＿＿に、ヨーロッパ旅行をしようと思っています。

1 休養(きゅうよう)
2 休憩(きゅうけい)
3 休息(きゅうそく)
4 休暇(きゅうか)

어휘

29 □□□

212 さんざん迷った＿＿＿＿＿、進学せずに就職(しゅうしょく)することにした。

1 すえに
2 だけあって
3 とたんに
4 のあげく

문법

29 □□□

문자

210 **4** この事故(じこ)に関(かん)して、会社(かいしゃ)は**責任(せきにん)**を負(お)うべきだ。

이 사고에 대해 회사는 책임을 져야 한다.

[責] **セキ** : 責任(せきにん) 책임

せ (-める) : 責(せ)める 책망하다

[青] **セイ** : 青年(せいねん) 청년 · 青春(せいしゅん) 청춘

あお : 青(あお) 청 **あお (-い)** : 青(あお)い 파랗다 ＊真(ま)っ青(さお) 새파람

[績] **セキ** : 成績(せいせき) 성적 · 実績(じっせき) 실적

[積] **セキ** : 面積(めんせき) 면적 · 積極的(せっきょくてき)な 적극적인 ⇔ 消極的(しょうきょくてき)な 소극적인

つ (-もる / -む) : 積(つ)もる 쌓이다 · 積(つ)む 쌓다

어휘

211 **4** この夏(なつ)の**休暇(きゅうか)**に、ヨーロッパ旅行(りょこう)をしようと思(おも)っています。

이번 여름 휴가에 유럽 여행을 하려고 생각하고 있습니다.

[休暇] (きゅうか) 휴가 ◆ **休暇(きゅうか)**を取(と)る 휴가를 얻다

[休養] (きゅうよう) 휴양

＊十分(じゅうぶん)に**休養(きゅうよう)**してください。 충분히 휴양해 주십시오.

[休憩] (きゅうけい) 휴게

＊疲(つか)れたから**休憩(きゅうけい)**しましょう。 피곤하니까 휴게합시다.

[休息] (きゅうそく) 휴식

문법

212 **1** さんざん迷(まよ)った**末(すえ)に**、進学(しんがく)せずに就職(しゅうしょく)することにした。

OK 迷(まよ)ったあげく

몹시 고민한 끝에 진학하지 않고 취직하기로 했다.

[Vた末(に)] [Nの末(に)] ~한 끝에 (＝~した結果(けっか))

[Vたあげく(に)] [Nのあげく(に)] V 한 끝(에)

(＝~した結果(けっか)) ＊나쁜 결과가 많다

◆ 客(きゃく)は何着(なんちゃく)も試着(しちゃく)**したあげく**、買(か)わずに帰(かえ)った。

손님은 몇 벌이나 입어 본 끝에 사지 않고 돌아갔다.

213 老人や児童をねらった犯罪が増えている。

1 にどう
2 ようじ
3 じどう
4 しょうに

30 □□□

문자

214 ＿＿＿＿＿あなたの言いたいことは、私に責任があるということですね。

1 ようするに
2 ようやく
3 はたして
4 せめて

30 □□□

어휘

215 この検査結果を＿＿＿＿＿限り、どこも異常はなさそうです。

1 見て
2 見ない
3 見る
4 見よう

30 □□□

문법

정답

213 3 老人や**児童**をねらった犯罪が増えている。

노인과 아동을 노린 범죄가 증가하고 있다.

문자

[老] **ロウ**：老人 노인

お（-いる）：老いる 늙다　**ふ**（-ける）：老ける 나이를 먹다 / 늙다

[児] **ジ**：児童 아동・幼児 유아　**ニ**：小児科 소아과

[罪] **ザイ**：犯罪 범죄

つみ：罪 죄

214 1 **要するに**あなたの言いたいことは、私に責任があるということですね。　OK つまり／すなわち

요컨대 당신이 말하고 싶은 것은 나에게 책임이 있다는 것이군요.

어휘

[**要するに**]（ようするに）요컨대

[**ようやく**] 간신히

[**果たして**]（はたして）과연　◆**果たして**～だろうか 과연 ~ 일까

[**せめて**] 적어도

215 3 この検査結果を**見る**限り、どこも異常はなさそうです。

OK 見た限り

이 검사 결과를 보는 한 어디도 이상은 없는 것 같습니다.

문법

[**V限り**] ~하는 한 (= 그 범위에서는)

＊Vる限り／Vている限り／Vた限り　(＝Vの範囲では)

[**Vない限り**] ~하지 않는 한 (＝Vなければ)

◆検査を**してみない限り**、異常があるかどうかわからない。

검사를 해보지 않는 한 이상이 있는지 없는지 알 수 없다.

216 足りないものを補いましょう。→ 156

1 いきおいましょう　　2 おぎないましょう

1 □□□

217 必ず、紙につつんで捨ててください。→ 171

1 印んで　　2 包んで

2 □□□

문자

218 そんな________格好(かっこう)で外へ行かないで。恥(は)ずかしいじゃない。→ 154

1 やかましい　　2 みっともない

1 □□□

219 ネコがコップに頭を________水を飲んでいる。→ 178

1 つっこんで　　2 はさんで

2 □□□

어휘

220 父はお酒も毎晩________、タバコも一日１箱以上吸う。→ 131

1 飲むなら　　2 飲まなければ

1 □□□

221 この風景は言葉では________ようがない。→ 143

1 言い表し　　2 言い表さない

2 □□□

문법

문제

문자

222 「<u>戻る</u>」ボタンを押してください。→ 168

1　かえる　　　2　もどる

3 □□□

223 本日の司会を<u>つとめる</u>田中です。→ 138

1　勤める　　　2　務める

4 □□□

어휘

224 その方法が＿＿＿＿成功(せいこう)につながるとは限らないが、やってみる価値はあると思う。→ 187

1　ただちに　　　2　いっせいに

3 □□□

225 このテーブルじゃまだから、あっちに＿＿＿＿よ。→ 178

1　どいて　　　2　どけて

4 □□□

문법

226 そこは日本人が多い＿＿＿＿日本人町と呼ばれた。→ 158

1　ことから　　　2　ばかりに

3 □□□

227 雨は止む＿＿＿＿一週間降り続いた。→ 167

1　ことなく　　　2　ことには

4 □□□

앞 페이지 정답　216 2　217 2　218 2　219 1　220 1　221 1

문자

228 恵まれない子供たちに寄付をお願いします。→ 177

1　きふ　　　2　くふ

5□□□

229 泥棒ではないかと警察にうたがわれた。→ 192

1　争われた　　　2　疑われた

6□□□

어휘

230 今日は、お酒を飲みながら＿＿＿＿語り合いましょう。→ 190

1　しだいに　　　2　おおいに

5□□□

231 あなたは休暇(きゅうか)にどこかへ行こうと言うけれど、私は＿＿＿＿家でゆっくりしたい。→ 166

1　わりあい　　　2　むしろ

6□□□

문법

232 彼は泳ぐこと＿＿＿＿だれにも負けない自信があった。→ 185

1　ばかりに　　　2　にかけては

5□□□

233 あの人は服装＿＿＿＿だらしない。→ 203

1　からには　　　2　からして

6□□□

문자

234 お客さんが店の前に<u>大勢</u>ならんでいる。→ 192

1　おおぜい　　　2　たいせい

7 □□□

235 人口は約一<u>おく</u>三千万人です。→ 129

1　億　　　2　兆

8 □□□

어휘

236 彼女はそのことを聞いて＿＿＿＿　泣き出しそうだった。→ 205

1　いまだに　　　2　いまにも

7 □□□

237 無料で洗顔石けんをお配りしています。一度＿＿＿＿ください。→ 193

1　おためしになって　　　2　おそろえになって

8 □□□

문법

238 飛べる＿＿＿＿飛んで行きたい。→ 140

1　ものなら　　　2　ことから

7 □□□

239 ３時間も待たされた＿＿＿＿、　来られないと言われた。→ 212

1　のもかまわず　　　2　あげく

8 □□□

240 袋は要りません。→ 132

1　ふろく　　2　ふくろ

9 □□□

241 野菜で肉をまいて食べた。→ 144

1　巻いて　　2　券いて

10 □□□

문자

242 うちの嫁は何事にも________　から、いちいち注意しないといけない。→ 127

1　気がきかない　　2　気がすすまない

9 □□□

243 いやだという気持ちを________ばかりいると、病気になっちゃうよ。→ 133

1　せめて　　2　おさえて

10 □□□

어휘

244 机にむかってはいる________、ちっとも勉強していない。→ 146

1　ものだから　　2　ものの

9 □□□

245 ________ことには、おもしろいかどうかわからない。→ 164

1　やってみない　　2　やってみる

10 □□□

문법

앞 페이지 정답　234 1　235 1　236 2　237 1　238 1　239 2

문자

246 土地を耕して、畑を作る。→189

1 たやがして　　2 たがやして

11 □□□

247 今学期はせいせきがよかった。→210

1 成績　　2 成積

12 □□□

어휘

248 彼はうそをついていないと思うが、＿＿＿＿その話は本当だろうか。→214

1 はたして　　2 ようやく

11 □□□

249 ５キロは無理かもしれないが、＿＿＿＿３キロはやせたい。→214

1 せっかく　　2 せめて

12 □□□

문법

250 忙しくて遊びに行く＿＿＿＿。→188

1 ほかない　　2 どころではない

11 □□□

앞 페이지 정답 240 2 241 1 242 1 243 2 244 2 245 1

제 3 주

- 6 일째까지 마친 후 정답 수를 세어 기록합시다 .
- 정답 수가 적은 분야가 있으면 다시 한 번 푼 후에 7 일째로 나아갑시다 .
- 7 일째는 복습입니다 . 다 마친 후 정답 수를 적고 , 학습 효과를 확인합시다 .

문자

	1 ~ 6 일째	7 일째 (복습)
1 회차	／30 문제	／12 문제
2 회차	／30 문제	／12 문제
3 회차	／30 문제	／12 문제

어휘

	1 ~ 6 일째	7 일째 (복습)
1 회차	／30 문제	／12 문제
2 회차	／30 문제	／12 문제
3 회차	／30 문제	／12 문제

문법

	1 ~ 6 일째	7 일째 (복습)
1 회차	／30 문제	／11 문제
2 회차	／30 문제	／11 문제
3 회차	／30 문제	／11 문제

문자

＿＿＿＿ のことばに対し、ひらがなは漢字に、漢字はひらがなに直して、正しいものを選択肢から選びなさい。

＿＿＿＿ 의 단어에 대해 히라가나는 한자로 , 한자는 히라가나로 고치고 바른 것을 선택지에서 고르시오 .

어휘

＿＿＿＿ のところに何を入れたらよいか。いちばん適当なものを選択肢から一つ選びなさい。

＿＿＿＿ 에 무엇을 넣으면 좋은지 가장 적당한 것을 선택지에서 하나 고르시오.

문법

＿＿＿＿ のところに何を入れたらよいか。いちばん適当なものを選択肢から一つ選びなさい。

＿＿＿＿ 에 무엇을 넣으면 좋은지 가장 적당한 것을 선택지에서 하나 고르시오.

251 展覧会に行った。<u>偉大</u>な芸術家の作品が並んでいた。

1 いだい
2 えだい
3 ぼうだい
4 そうだい

문자

1 □□□

252 音を立ててスープを飲んだら、娘に＿＿＿＿だと言われた。

1 げひん
2 みにくい
3 きよう
4 ひきょう

어휘

1 □□□

253 弱い者いじめは＿＿＿＿難い行為だ。

1 許さ
2 許し
3 許す
4 許せ

문법

1 □□□

251 **1** 展覧会(てんらんかい)に行(い)った。**偉大(いだい)な**芸術家(げいじゅつか)の作品(さくひん)が並(なら)んでいた。

전시회에 갔다 . 위대한 예술가의 작품이 줄지어 있었다 .

문자

展 **テン** : **展覧会**(てんらんかい) 전람회 · **発展**(はってん)**する** 발전하다

偉 **イ** : **偉大**(いだい)**な** 위대한

えら (-い) : **偉**(えら)**い** 훌륭하다

芸 **ゲイ** : **芸術**(げいじゅつ) 예술 · **芸術家**(げいじゅつか) 예술가 · **芸能**(げいのう) 예능 · **芸能人**(げいのうじん) 예능인 / 연예인

252 **1** 音(おと)を立(た)ててスープを飲(の)んだら、娘(むすめ)に**下品(げひん)**だと言(い)われた。

소리를 내면서 수프를 마셨더니 품위 없다고 딸이 말했다 .

어휘

下品な (げひん) 품위 없음 ⇔ 上品(じょうひん)な 품위 있음

醜い (みにくい) 흉함 / 추하다

器用な (きような) 손재주가 있음

ひきょうな 비겁함

253 **2** 弱(よわ)い者(もの)いじめは**許(ゆる)し**難(がた)い行為(こうい)だ。

약한 자를 괴롭히는 것은 용서하기 어려운 행위다 .

문법

V難い ＊V~~ます~~難(がた)い （＝Vすることが 難(むずか)しい／できない）

◆死(し)んだ人間(にんげん)が生(い)き返(かえ)るなんて**信(しん)じ難(がた)い**。

죽은 사람이 살아 돌아온다는 것은 믿기 어렵다 .

◆この時計(とけい)は壊(こわ)れているけれど**捨(す)て難(がた)い**。

이 시계는 고장났지만 버릴 수 없다 .

254 そういう行動は誤解をまねく。

1 省く
2 招く
3 傾く
4 抱く

문자

2 □□□

255 ゲームに熱中していたら、＿＿＿＿＿＿朝になっていた。

1 いずれ
2 いまだに
3 たったいま
4 いつのまにか

어휘

2 □□□

256 お客様の個人情報は、＿＿＿＿＿＿かねます。

1 お教え
2 お教えし
3 お教えて
4 お教えに

문법

2 □□□

문자

254 **2** そういう行動(こうどう)は誤解(ごかい)を**招く(まね)**。

그런 행동은 오해를 초래한다.

誤	**ゴ** : 誤解(ごかい)する 오해하다
	あやま (-る) : 誤(あやま)り 잘못 / 실수
招	**ショウ** : 招待(しょうたい)する 초대하다
	まね (-く) : 招(まね)く 부르다 / 초대하다
傾	**ケイ** : 傾向(けいこう) 경향
	かたむ (-く) : 傾(かたむ)く 기울다

어휘

255 **4** ゲームに熱中(ねっちゅう)していたら、**いつの間(ま)にか**朝(あさ)になっていた。

게임에 열중하고 있었더니 어느새 아침이 되어 있었다.

いつの間に(か) (いつのまにか) 어느새

いずれ 머지않아 / 결국엔

◆**いずれ**わかるでしょう。 머지않아 알게 될겁니다.

未だに (いまだに) 아직도

◆**未(いま)だに**わからない。 아직도 모른다.

たった今 (たったいま) 방금

◆**たった今(いま)**、わかった。 방금 알았다.

문법

256 **2** お客様(きゃくさま)の個人情報(こじんじょうほう)は、**お教(おし)えし**かねます。

손님의 개인정보는 가르쳐 드릴 수 없습니다.

Vかねる ~할 수 없다

＊V~~ます~~かねる（＝Vることができない）

＊문서상의 표현이나 정중한 표현으로 사용

◆申(もう)し訳(わけ)ございません。私(わたくし)どもには**わかりかねます**。

죄송합니다. 저희는 알 수 없습니다.

◆あなたの言動(げんどう)は**理解(りかい)しかねます**。

당신의 언동은 이해하기 어렵습니다.

257 <u>お互い</u>に頑張って目標を達成しよう。

1 おかだい
2 おがない
3 おながい
4 おたがい

3 □□□

문자

258 買い物をしすぎて、帰りのバス＿＿＿＿しか残っていない。

1 金
2 代
3 費
4 料

3 □□□

어휘

259 初めて来た場所なのに、まるで来たことがある＿＿＿＿なつかしく思った。

1 とおりに
2 ことなく
3 ばかりか
4 かのように

3 □□□

문법

257 **4** **お互い**に頑張って目標を達成しよう。

서로 열심히 해서 목표를 달성하자.

문자

互	**ゴ** : 相互 상호
	たが (-い) : 互いに 서로
張	**チョウ** : 出張 출장 · 緊張する 긴장하다
	は (-る) : 張る 뻗다 / 펴다 · 頑張る 버티다 / 열심히 하다
標	**ヒョウ** : 標識 표지 · 目標 목표 · 標準 표준

258 **2** 買い物をしすぎて、帰りのバス**代**しか残っていない。

쇼핑을 너무 많이 해서 돌아갈 버스비밖에 남아 있지 않다.

어휘

~代 (~だい)	◆**電気代** 전기 요금
~費 (~ひ)	◆**食費** 식비
	◆**交通費** 교통비
	◆**学費** 학비
~料 (~りょう)	◆**入場料** 입장료
	◆**送料** 송료

259 **4** 初めて来た場所なのに、まるで来たことがある**かのように**懐かしく思った。

처음 온 장소인데 마치 온 적이 있는 것처럼 반갑게 느껴졌다.

문법

~かのようだ ~인 듯하다

＊「~」부분은 사실이 아닌 것

◆事件の後、犯人は何もなかった**かのように**平然としていた。

사건 후 범인은 아무 일도 없었던 것처럼 태연했다.

◆彼女は青ざめて、まるでゆうれいでも見た**かのようだった**。

그녀는 파랗게 질려 마치 귀신이라도 본 것 같았다.

260 両替機は、そこのすみにあります。

1 底
2 照
3 隅
4 角

문자

4 □□□

261 株(かぶ)は、________上がったり下がったりすることがある。

1 あっというまに
2 もうすこしで
3 まっさきに
4 もしかすると

어휘

4 □□□

262 彼女は恐怖________、髪が一瞬(いっしゅん)にして真っ白になってしまった。

1 のかぎり
2 ことから
3 のあまり
4 どころか

문법

4 □□□

260 **3** 両替機は、そこの**隅**にあります。
환전기는 그곳 모퉁이에 있습니다.

문자

隅 **すみ** : 隅 모퉁이 / 구석
底 **テイ** : 徹底的な 철저한
そこ : 底 바닥
照 **ショウ** : 対照的な 대조적인
て (-る / -らす) : 照る 비치다 · 照らす 비추다 / 밝히다

261 **1** 株は、**あっという間に**上がったり下がったりすることがある。
주식은 순식간에 오르거나 내리거나 하는 경우가 있다.

어휘

あっという間に (あっというまに) 순식간에
もう少しで (もうすこしで) 머지않아
真っ先に (まっさきに) 가장 먼저
もしかすると～かもしれない 어쩌면 ~할 지도 모른다

262 **3** 彼女は恐怖**のあまり**、髪が一瞬にして真っ白になってしまった。
그녀는 공포에 질린 나머지 머리카락이 한순간에 하얗게 되어버렸다.

문법

Nのあまり **Vるあまり** ~한 나머지
(＝とても～ので)

◆彼女は悲し**みのあまり**病気になってしまった。
그녀는 슬픈 나머지 병이 나버렸다.

◆愛**するあまり**、彼は恋人を束縛した。사랑한 나머지 그는 애인을 속박했다.

◆驚き**のあまり** 놀란 나머지 ◆緊張**のあまり** 긴장한 나머지

263 航空事故の大半は離陸と着陸の際に起こるし、耳が痛くなるし、とても「快適な空の旅」とは言えない。

1 こうこう
2 こうくう
3 くうこう
4 くうくう

문자

5 □□□

264 地球温暖化によって、さまざまな＿＿＿＿＿が起きている。

1 現象
2 現状
3 現実
4 現在

어휘

5 □□□

265 A「そんなひどいこと、言うかしら。」
B「あいつなら＿＿＿＿＿かねないよ。」

1 言い
2 言う
3 言え
4 言って

문법

5 □□□

문자

263 **2** **航空**事故の大半は離陸と着陸の際に起こるし、耳が痛くなるし、とても「快適な空の旅」とは言えない。

항공 사고의 대부분은 이륙과 착륙 시에 발생하며 귀가 아프고 도저히「쾌적한 하늘의 여행」이라고 말할 수 없다.

航 **コウ**：航空便 항공편・航空会社 항공회사

陸 **リク**：陸 뭍 / 육지・陸地 육지・大陸 대륙・離陸 이륙・着陸 착륙

適 **テキ**：適切な 적절한・快適な 쾌적한

어휘

264 **1** 地球温暖化によって、さまざまな**現象**が起きている。

지구 온난화로 인해 다양한 현상이 일어나고 있다.

現象(げんしょう) 현상　◆自然**現象** 자연현상

現状(げんじょう) 현재 상태

現実(げんじつ) 현실　◆ 理想と**現実** 이상과 현실

現在(げんざい) 현재

문법

265 **1** A「そんなひどいこと、言うかしら。」

B「あいつなら**言い**かねないよ。」

A「그렇게 심한 말을 할까.」B「그 녀석이라면 말할지도 몰라.」

Vかねない　~할지도 모른다

＊V~~ます~~かねない　＊나쁜 일이 발생할 가능성이 있다

◆場所や立場を考えて発言をしないと誤解を招き**かねない**。

장소와 입장을 생각하여 발언을 하지 않으면 오해를 불러일으킬 지도 모른다.

◆保護しないと、この種は絶滅し**かねない**。

보호하지 않으면 이 종은 멸종할지도 모른다.

266 ゴミの処理や収集の規則は地域によって異なる。

1　ことなる
2　こそなる
3　とこなる
4　そこなる

문자

6 □□□

267 この会場には、＿＿＿＿＿数えたところ 100 人はいるようだ。

1　どっと
2　ざっと
3　すっと
4　ずっと

어휘

6 □□□

268 したくないことも、仕事だから＿＿＿＿＿。

1　さざるをえない
2　しざるをえない
3　すざるをえない
4　せざるをえない

문법

6 □□□

정답

문자

266 **1** ゴミの処理(しょり)や収集(しゅうしゅう)の規則(きそく)は地域(ちいき)によって**異(こと)なる**。

쓰레기 처리나 수집 규칙은 지역에 따라 다르다.

[処] **ショ** : 処理(しょり)する 처리하다 · 処置(しょち) 조치

[収] **シュウ** : 収集(しゅうしゅう) 수집 · 収入(しゅうにゅう) 수입 · 吸収(きゅうしゅう) 흡수 · 回収(かいしゅう)する 회수하다

おさ (-まる/-める) : 収(おさ)まる 수습되다 / 해결되다

収(おさ)める 거두다 / 수습하다 / 해결하다

[異] **イ** : 異常(いじょう)な 이상한

こと (-なる) : 異(こと)なる 다르다

어휘

267 **2** この会場(かいじょう)には、**ざっと**数(かぞ)えたところ100人(にん)はいるようだ。

이 회장에는 대충 세어 보니 100 명은 있는 것 같다.

[ざっと] ◆**ざっと**掃除(そうじ)する 대충 청소하다

[どっと] ◆客(きゃく)が**どっと**来(く)る 손님이 우르르 밀려오다

[すっと] ◆**すっと**立(た)ち上(あ)がる 훌쩍 일어서다

[ずっと] ◆**ずっと**立(た)っている 계속 서 있다

◆**ずっと**大(おお)きい 훨씬 크다

문법

268 **4** したくないことも、仕事(しごと)だから**せざるを得(え)ない**。

하고 싶지 않은 것도 일이니까 하지 않을 수 없다.

[Vざるを得ない] V 하지 않을 수 없다

(＝Vないわけにはいかない)

◆今回(こんかい)の政策(せいさく)は失敗(しっぱい)だったと**言(い)わざるを得(え)ない**。

이번 정책은 실패였다고 말하지 않을 수 없다.

◆規則(きそく)には**従(したが)わざるを得(え)ない**。

규칙에는 따르지 않을 수 없다.

269 水は零度Cでこおりになります。

1　永
2　泳
3　凍
4　氷

7 □□□

270 東京駅で________高校時代の友人に会った。

1　思いつかず
2　思い切り
3　思いがけず
4　思い切って

7 □□□

271 不本意________、進学をあきらめた。

1　にはんして
2　ながら
3　にかかわらず
4　ものの

7 □□□

269 **4** 水は零度Cで**氷**になります。

물은 영도씨에서 얼음이 됩니다.

문자

零	**レイ**：零 영・零点 영점・零度 영도
氷	**こおり**：氷 얼음
凍	**トウ**：冷凍 냉동
	こお(-る)：凍る 얼다
永	**エイ**：永久 영구

270 **3** 東京駅で**思いがけず**高校時代の友人に会った。

도쿄역에서 뜻하지 않게 고등학교 때 친구를 만났다.

어휘

思いがけず（おもいがけず） 뜻하지 않게 (＝思いがけなく)

思い(っ)きり（おもいきり／おもいっきり） 마음껏

思い切って（おもいきって） 과감히

＊思わず 무심코

271 **2** 不本意**ながら**、進学を諦めた。 **OK** 不本意なものの

본의가 아니지만 진학을 포기했다.

문법

～ながら **～ながらも** ～이지만

(＝～だが) ＊역접

◆**残念ながら**、今日の飲み会は用事があって出られません。

안타깝지만 오늘 회식은 일이 있어 가지 못합니다.

◆「**狭いながらも**楽しい我が家」というのは本当です。

「좁지만 즐거운 우리집」이라는 것은 정말입니다.

272 知識を詰め込む教育と考える力をつける教育とを比較する。

1　うめこむ
2　つめこむ
3　ためこむ
4　きめこむ

8 □□□

문자

273 僕はお酒が入ると、自分の感情を＿＿＿＿＿＿できなくなる。

1　コントロール
2　チェンジ
3　キャンセル
4　キャッチ

8 □□□

어휘

274 このアニメは子供に人気がある＿＿＿＿＿＿、大人からは批判されている。

1　一方で
2　ものを
3　ばかりに
4　だけに

8 □□□

문법

문자

272 2 知識を**詰め込む**教育と考える力をつける教育とを比較する。
지식을 채워 넣는 교육과 생각하는 힘을 키우는 교육을 비교한다.

識 **シキ**：知識 지식・意識 의식・常識 상식
詰 **つ**(-まる/-める)：詰まる 가득 차다・詰める 채우다・缶詰 통조림
較 **カク**：比較する 비교하다

어휘

273 1 僕はお酒が入ると、自分の感情を**コントロール**できなくなる。
나는 술이 들어 가면 자신의 감정을 컨트롤할 수 없어진다.

コントロール	컨트롤
チェンジ	교환
キャンセル	예약 취소
	◆ **キャンセル**待ち 예약 취소 대기
キャッチ	잡다 / 받다 / 캐치

문법

274 1 このアニメは子供に人気がある**一方で**、大人からは批判されている。
이 애니메이션은 아이들에게 인기가 있는 반면 어른들로부터는 비판받고 있다.

a 一方で b　a 한편으로 b　*두 가지 다른 면이 있다

◆その男は周りの評判がいい**一方で**、家族とはうまくいっていなかったようだ。
그 남자는 주위의 평판이 좋은 반면 가족과는 잘 지내지 못했던 것 같다.

◆この人は勤勉である**一方で**、指導力がない。
이 사람은 근면한 반면 지도력이 없다.

275 この山で、きのこを<u>とる</u>には許可が必要です。

1 折る
2 捕る
3 得る
4 採る

문자

9 □□□

276 足に、子供のころけがをした＿＿＿＿が残っている。

1 かたち
2 あと
3 しるし
4 ず

어휘

9 □□□

277 引き受けた＿＿＿＿、大変でも最後までやり遂げます。

1 からして
2 以上は
3 からといって
4 こそは

문법

9 □□□

275 **4** この山で、きのこを**採る**には許可が必要です。

이 산에서 버섯을 채취하려면 허가가 필요합니다.

문자

許	**キョ**：許可する 허가하다
	ゆる (-す)：許す 허락하다 / 허가하다
採	**サイ**：採点する 채점하다・採集する 채집하다
	と (-る)：採る 뽑다 / 채집하다
得	**トク**：得意な 잘하는
	う (-る)：あり得る 있을 수 있다
	え (-る)：得る 얻다 / 획득하다・あり得ない 있을 수 없다

276 **2** 足に、子供の頃けがをした**あと**が残っている。

다리에 어린 시절 다친 흉터가 남아 있다.

어휘

あと 자국 / 흔적 ◆足**あと** 발자국

形 (かたち) 형태

印 (しるし) 표시

図 (ず) 그림 ◆天気**図** 기상도

277 **2** 引き受けた**以上は**、大変でも最後までやり遂げます。

맡은 이상은 힘들더라도 마지막까지 해 냅니다.

문법

V以上(は) **V上は** (＝Vからには)

◆仕事として協力する**以上は**、報酬も頂きます。

일로서 협력하는 이상은 보수도 받습니다.

◆一緒に住む**上は**、ルールを守ってほしい。

함께 사는 이상은 규칙을 지켜주면 좋겠다.

278 宇宙飛行士になりたい。

1　いちゅう
2　ふちゅう
3　うちゅう
4　むちゅう

문자

10 □□□

279 先日の地震で家が＿＿＿＿＿、住むことができない。

1　かたむいて
2　かたづいて
3　かたよって
4　かたまって

어휘

10 □□□

280 西洋医学＿＿＿＿＿、東洋医学は不可解かもしれない。

1　を問わず
2　にかけては
3　からみると
4　をめぐって

문법

10 □□□

278 **3** **宇宙**(うちゅう)飛行士(ひこうし)になりたい。

우주 비행사가 되고 싶다.

문자

| 宇 | **ウ**：宇宙(うちゅう) 우주

| 宙 | **チュウ**：宇宙(うちゅう) 우주

| 士 | **シ**：兵士(へいし) 병사・学士(がくし) 학사・修士(しゅうし) 석사・飛行士(ひこうし) 비행사・博士(はくし) 박사

＊博士(はかせ) 박사

279 **1** 先日(せんじつ)の地震(じしん)で家(いえ)が**傾(かたむ)いて**、住(す)むことができない。

지난번 지진으로 집이 기울어져 살 수가 없다.

어휘

傾く (かたむく) 기울다

片付く (かたづく) 정리되다

かたよる ◆ケーキが**片寄(かたよ)る** 케이크가 한쪽으로 치우치다

◆**偏(かたよ)った**考(かんが)え 한쪽으로 기운 생각

固まる (かたまる) 굳어지다

280 **3** 西洋医学(せいよういがく)**から見(み)ると**、東洋医学(とうよういがく)は不可解(ふかかい)かもしれない。

OK 西洋医学(せいよういがく)から見(み)れば

서양의학에서 보면 동양의학은 불가해할지도 모른다.

문법

Nから見ると **Nから見れば** ~의 입장에서 보면

＊사람이나 입장, 관점에서 보면

◆**僕(ぼく)から見(み)ると**、君(きみ)の不満(ふまん)は幸(しあわ)せ自慢(じまん)に思(おも)える。

내 입장에서 보면 너의 불만은 행복 자랑이라고 생각된다.

◆**同性(どうせい)から見(み)れば**嫌(いや)なところが、異性(いせい)には魅力(みりょく)だということもある。

동성의 입장에서 보면 싫은 점이 이성에게는 매력이라는 경우도 있다.

281 高血圧の治療に効く体操があるらしい。

1 じりょう
2 ちりょう
3 ちりゅう
4 じりゅう

11 □□□

문자

282 ＿＿＿＿＿お金持ちが幸せとは限らない。

1 あいかわらず
2 さすがに
3 どうしても
4 かならずしも

11 □□□

어휘

283 日程が＿＿＿＿＿次第、ご連絡申し上げます。

1 決まり
2 決まって
3 決まる
4 決まった

11 □□□

문법

281 **2** 高血圧の**治療**に効く体操があるらしい。

고혈압 치료에 듣는 체조가 있다고 한다 .

문자

- 圧 **アツ** : 気圧 기압 · 高血圧 고혈압 · 圧力 압력
- 操 **ソウ** : 操作する 조작하다 · 体操 체조
- 療 **リョウ** : 医療 의료 · 治療 치료

282 **4** **必ずしも**お金持ちが幸せとは限らない。

반드시 부자가 행복하다고는 할 수 없다 .

어휘

- **必ずしも** (かならずしも) ◆ **必ずしも**～とは限らない 반드시 ~ 라고는 할 수 없다
- **相変わらず** (あいかわらず) 여전히
- **さすが(に)** 과연
- **どうしても** ◆ **どうしても**できない問題 도저히 풀 수 없는 문제
  ◆ **どうしても**行きたい 어떤 일이 있어도 가고 싶다

283 **1** 日程が**決まり**次第、ご連絡申し上げます。

일정이 정해지는 대로 연락을 드리겠습니다 .

문법

V次第 ＊V~~ます~~次第 （＝Vたらすぐに） ＊딱딱한 표현

◆ 娘はただ今出かけておりますが、**帰り次第**お電話させます。

딸은 지금 외출중입니다만 오는대로 전화하게 하겠습니다 .

◆ 原因がわかり**次第**、ご報告いたします。

원인을 아는대로 보고드리겠습니다 .

284 今日は、接続詞とふくしを勉強した。

1 幅詞
2 福詞
3 副詞
4 復詞

문자

12 □□□

285 その計画を________に移す前に、もう一度よく考えたほうがいい。

1 実現
2 実行
3 実際
4 実習

어휘

12 □□□

286 父は毎日、夜が明けるか明けないか________、家を出る。

1 のように
2 をとわず
3 のうちに
4 をぬきに

문법

12 □□□

문자

284 **3** 今日は、接続詞と**副詞**を勉強した。

오늘은 접속사와 부사를 공부했다.

詞	**シ** : 名詞 명사・動詞 동사・形容詞 형용사・疑問詞 의문사・接続詞 접속사
副	**フク** : 副社長 부사장・副詞 부사
幅	**はば** : 幅 폭・大幅な 폭넓은
福	**フク** : 幸福な 행복한

어휘

285 **2** その計画を**実行**に移す前に、もう一度よく考えたほうがいい。

그 계획을 실행에 옮기기 전에 다시 한 번 잘 생각하는 편이 좋다.

実行	(じっこう)	실행
実現	(じつげん)	실현
実際(に)	(じっさい／じっさいに)	실제로
実習	(じっしゅう)	실습

문법

286 **3** 父は毎日、夜が明けるか明けないか**のうちに**、家を出る。

아버지는 매일 동이 트기도 전에 집을 나간다.

VるかVないかのうちに V 할까 V 하지 않는 사이에 (V 하기도 전에)

◆店が開**く**か開か**ない**か**のうちに**、大勢の客が押し寄せた。

가게가 열리기도 전에 많은 손님이 몰려들었다.

◆問題を読み終わ**る**か終わら**ない**か**のうちに**、答えがわかった。

문제를 다 읽기도 전에 답을 알았다.

287 欧州旅行で建築物として価値のある建物をたくさん見たい。

1 おうしゅう
2 くうしゅう
3 こうしゅう
4 ようしゅう

13 □□□

문자

288 時間がないので、詳しい説明は＿＿＿＿。

1 はぶきます
2 うしないます
3 はずします
4 なやみます

13 □□□

어휘

289 医療や年金など、国民の生活を支える制度が崩壊（ほうかい）しつつ＿＿＿＿。

1 ある
2 ない
3 にある
4 にない

13 □□□

문법

287 **1** **欧州**旅行で建築物として価値のある建物をたくさん見たい。

유럽 여행에서 건축물로서 가치 있는 건물을 많이 보고 싶다.

문자

欧	**オウ**	: 欧州 유럽 · 欧米 구미 / 서양
築	**チク**	: 建築 건축 · 新築 신축 · 築~年 건축 ~ 년
価	**カ**	: 高価な 고가인 · 価値 가치 · 物価 물가 · 価格 가격

288 **1** 時間がないので、詳しい説明は**省きます**。

시간이 없으므로 자세한 설명은 생략합니다.

어휘

省く (はぶく) 생략하다 ◆むだを**省く** 군더더기를 생략하다

失う (うしなう) 상실하다 / 잃다 ◆財産を**失う** 재산을 잃다

外す (はずす) 제외하다 / 풀다 ◆ボタンを**外す** 단추를 풀다

悩む (なやむ) 고민하다 ＊悩み 고민

289 **1** 医療や年金など、国民の生活を支える制度が崩壊しつつ**ある**。

의료나 연금 등 국민의 생활을 지원하는 제도가 점점 붕괴되고 있다.

문법

Vつつある 점점 V 하고 있다

＊V~~ます~~つつある

◆先住民の文化が忘れられ**つつある**。

선주민의 문화가 점점 잊혀지고 있다.

◆台風による被害は広まり**つつある**。

태풍에 의한 피해가 점점 퍼져가고 있다.

290 きしょう庁は自然現象の観測をする。

1 気像
2 気性
3 気象
4 気相

14 □□□

문자

291 今年になって________物価が上がり、生活がよりきびしくなった。

1 いちだんと
2 いったん
3 いっそうに
4 いちおう

14 □□□

어휘

292 地球温暖化は進む________。

1 かねない
2 相違ない
3 をえない
4 一方だ

14 □□□

문법

문자

290 **3** <u>気象</u>(きしょう)庁(ちょう)は自然(しぜん)現象(げんしょう)の観測(かんそく)をする。

기상청은 자연 현상을 관측한다.

象	**ショウ**：現象(げんしょう) 현상・気象(きしょう) 기상
	ゾウ：象(ぞう) 코끼리
庁	**チョウ**：気象庁(きしょうちょう) 기상청・官庁(かんちょう) 관청
像	**ゾウ**：像(ぞう) 모양 / 상・想像(そうぞう)する 상상하다
相	**ソウ**：相談(そうだん)する 상담하다・相続(そうぞく)する 상속하다
	ショウ：首相(しゅしょう) 수상
	あい：相手(あいて) 상대 ＊相撲(すもう) 스모

어휘

291 **1** 今年(ことし)になって<u>一段(いちだん)と</u>物価(ぶっか)が上(あ)がり、生活(せいかつ)がより厳(きび)しくなった。

OK 一層(いっそう)

올해 들어 한층 물가가 올라 생활이 더 어려워졌다.

一段と	(いちだんと)	한층 / 더욱
いったん		한번 / 잠시
一層	(いっそう)	한층 더
一応	(いちおう)	우선은

문법

292 **4** 地球温暖化(ちきゅうおんだんか)は進(すす)む<u>一方(いっぽう)だ</u>。

지구 온난화는 점점 진행되고 있다.

Vる一方だ (오로지)V 할 뿐이다

＊좋지 않은 일이 많다

◆失業者(しつぎょうしゃ)は<u>増(ふ)える一方(いっぽう)だ</u>。

실업자는 늘어날 뿐이다.

◆<u>この川(かわ)の水質(すいしつ)は悪(わる)くなる一方(いっぽう)だ</u>。

이 강의 수질은 나빠질 뿐이다.

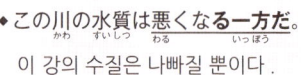

293 <u>法律</u>の文章は複雑で、一般の人にはわかりにくい。

1 ほりつ
2 ほうりち
3 ほうりつ
4 ほりち

문자

15 □□□

294 友人のお見舞いに行ったが、＿＿＿＿＿が悪く、検査中で病室にいなかった。

1 リズム
2 テンポ
3 ムード
4 タイミング

어휘

15 □□□

295 消費者の立場＿＿＿＿＿、価格は安ければ安いほどいいに決まっている。

1 からして
2 からいえば
3 からには
4 からといって

문법

15 □□□

293 **3** **法律**(ほうりつ)の文章(ぶんしょう)は複雑(ふくざつ)で、一般(いっぱん)の人(ひと)にはわかりにくい。

법률의 문장은 복잡해서 일반인에게는 이해하기 어렵다.

문자

律	リツ	: 法律(ほうりつ) 법률 · 規律(きりつ) 규율
複	フク	: 複雑(ふくざつ)な 복잡한 · 複数(ふくすう) 복수
般	ハン	: 一般(いっぱん) 일반

294 **4** 友人(ゆうじん)のお見舞(みま)いに行(い)ったが、**タイミング**が悪(わる)く、検査中(けんさちゅう)で病室(びょうしつ)にいなかった。

친구의 문병을 갔었지만 타이밍이 나빠 검사중이어서 병실에 없었다.

어휘

タイミング	타이밍	
リズム	리듬	◆**リズムに乗(の)る** 리듬을 타다
テンポ	템포	◆**テンポを合(あ)わせる** 템포를 맞추다
ムード	분위기	

295 **2** 消費者(しょうひしゃ)の立場(たちば)**から言(い)えば**、価格(かかく)は安(やす)ければ安(やす)いほどいいに決(き)まっている。

소비자의 입장에서 말하면 가격은 싸면 쌀수록 좋은 것이다.

문법

Nから言えば **Nから言うと** N의 입장에서 말하면

＊어떤 입장이나 생각에서 말하면

◆**利用者(りようしゃ)の側(がわ)から言(い)えば**、スーパーの営業時間(えいぎょうじかん)は長(なが)いほうがいい。이용자의 입장에서 말하면 슈퍼마켓의 영업시간은 긴 편이 좋다.

296 申込書は例を参考に記入し、<u>封筒</u>に入れて担当者に渡して下さい。

1　ふっとう
2　ふうどう
3　ふとう
4　ふうとう

문자

16 □□□

297 田中さんに＿＿＿＿＿この書類を届けてください。

1　至急(しきゅう)
2　特急
3　急速
4　急激

어휘

16 □□□

298 この値段＿＿＿＿＿、本物の毛皮ではないだろう。

1　にしては
2　からすると
3　だけあって
4　にかけては

문법

16 □□□

296 **4** 申込書は例を参考に記入し、__封筒__に入れて担当者に渡して下さい。

신청서는 예를 참고로 해서 기입하고 봉투에 넣어 담당자에게 전달해 주십시오 .

문자

封 **フウ** : 封筒 봉투 · 開封する 개봉하다

筒 **トウ** : 水筒 수통 / 물통

担 **タン** : 担当する 담당하다 · 担任 담임

かつ (-ぐ) : 担ぐ 메다 / 짊어지다

297 **1** 田中さんに__至急__この書類を届けてください。

다나카 씨에게 급히 이 서류를 전해 주십시오 .

어휘

至急 (しきゅう) 지급 / 시급

◆大**至急**来てください。 매우 급히 와 주십시오 .

特急 (とっきゅう) 특급 ◆**特急**電車 특급전차

急速な (きゅうそくな) 급속한 ◆**急速に**冷やす 급속하게 식히다

急激な (きゅうげきな) 급격한 ◆**急激な**変化 급격한 변화

298 **2** この値段__**からすると**__、本物の毛皮ではないだろう。

이 가격으로 판단하면 진짜 모피는 아닐 것이다 .

문법

Nからすると **Nからすれば** N 으로 판단하면 (＝Nから判断すると)

◆__服装**からすると**__、あの人はサラリーマンではなさそうだ。

복장으로 판단하면 저 사람은 샐러리맨은 아닌 것 같다 .

◆__あの笑顔**からすると**__、合格したのでしょう。

저 웃는 얼굴로 판단하면 합격했겠죠 .

◆__状況**からすれば**__、彼が犯人であることは間違いないだろう。

상황으로 판단하면 그가 범인인 것은 틀림없을 것이다 .

299 空がくもり、波も高くなってきた。

1　曇り
2　雲り
3　灯り
4　祈り

17 □□□

문자

300 家賃の________については、直接大家さんに持っていくように言われている。

1　ひきだし
2　ふりこみ
3　かしだし
4　しはらい

17 □□□

어휘

301 最近、外食が多くて栄養がかたより________。

1　げだ
2　っぽい
3　一方だ
4　がちだ

17 □□□

문법

정답

299 **1** 空(そら)が**曇(くも)り**、波(なみ)も高(たか)くなってきた。

하늘이 흐려지고 파도도 높아졌다 .

문자

| 曇 | **くも** (-る) : 曇(くも)る 흐리다
| 雲 | **くも** : 雲(くも) 구름
| 灯 | **トウ** : 灯油(とうゆ) 등유・灯台(とうだい) 등대・電灯(でんとう) 전등
ひ : 灯(ひ) 불 / 등불
| 祈 | **いの** (-る) : 祈(いの)る 빌다

300 **4** 家賃(やちん)の**支払(しはら)い**については、直接(ちょくせつ)大家(おおや)さんに持(も)っていくように言(い)われている。

임대료 지불에 대해서는 직접 집주인에게 가지고 가라고 말을 들었다 .

어휘

| **支払い** | (しはらい) 지불
| **引き出し** | (ひきだし) 인출
| **振り込み** | (ふりこみ) 이체 송금
| **貸し出し** | (かしだし) 대출 / 대여　◆本(ほん)の**貸(か)し出(だ)し** 책의 대여

301 **4** 最近(さいきん)、外食(がいしょく)が多(おお)くて栄養(えいよう)が偏(かたよ)り**がちだ**。

최근 외식이 많아 영양이 편중되기 쉽다 .

문법

| **V/N がちだ** | V/N 하기 쉽다 (경향이 있다)

＊V~~ます~~がち　＊그러한 (좋지 않은) 경향이 있다

◆幼(おさな)いころ病気(びょうき)**がちだった**ので、家(いえ)で本(ほん)ばかり読(よ)んでいた。

어렸을 때 자주 아파서 집에서 책만 읽고 있었다 .

◆あの学生(がくせい)は最近(さいきん)休(やす)み**がちだ**。

저 학생은 최근 결석하기 일쑤다 .

302 A「裏口の<u>戸</u>を閉め忘れたから、閉めといて。」
B「了解。」

문자

1 こ
2 と
3 ど
4 ご

18 □□□

303 彼はオリンピックが終わった後、選手を＿＿＿＿＿コーチになった。

어휘

1 退職して
2 引退して
3 退院して
4 就職して

18 □□□

304 ＿＿＿＿＿以来、国へ帰っていない。

문법

1 来日の
2 日本へ来て
3 日本へ来る
4 日本へ来た

18 □□□

문자

302 **2** A「裏口(うらぐち)の**戸(と)**を閉(し)め忘(わす)れたから、閉(し)めといて。」
B「了解(りょうかい)。」

A「뒷문을 닫는 것을 잊었으니까, 닫아 줘」
B「알았어.」

裏	**うら**：裏(うら) 뒤・裏口(うらぐち) 뒷문・裏返(うらがえ)す 뒤집다
戸	**と**：戸(と) 문・雨戸(あまど) 덧문
	コ：一戸建(いっこだ)て 단독주택
了	**リョウ**：了解(りょうかい)する 양해하다・完了(かんりょう)する 완료하다・修了(しゅうりょう)する 수료하다・終了(しゅうりょう)する 종료하다 ⇔ 開始(かいし)する 개시하다

어휘

303 **2** 彼(かれ)はオリンピックが終(お)わった後(あと)、選手(せんしゅ)を**引退(いんたい)して**コーチになった。

그는 올림픽이 끝난 뒤 선수를 은퇴하고 코치가 되었다.

引退する	(いんたいする)	은퇴하다
退職する	(たいしょくする)	퇴직하다
退院する	(たいいんする)	퇴원하다
就職する	(しゅうしょくする)	취업하다

문법

304 **2** **日本(にほん)へ来(き)て**以来(いらい)、国(くに)へ帰(かえ)っていない。 **OK** 来日以来(らいにちいらい)

일본에 온 이래 고국에 돌아가지 않았다.

Vて以来 **N以来** V/N 이래 (＝～からずっと)

◆彼女(かのじょ)は溺(おぼ)れかけ**て以来(いらい)**海(うみ)に行(い)かなくなった。
그녀는 물에 빠질뻔한 이래 바다에 가지 않게 되었다.

◆父(ちち)は退職(たいしょく)**以来(いらい)**、ジョギングを欠(か)かさない。
아버지는 퇴직한 이래 조깅을 거르지 않는다.

305 私は職業<u>くんれん</u>の指導員として、農業を教えています。

1　軍練
2　君練
3　訓練
4　運練

문자

19 □□□

306 タバコをやめろと＿＿＿＿＿＿ほど注意しているのに、息子はまだやめない。

1　だらしない
2　くどい
3　ばからしい
4　めんどうくさい

어휘

19 □□□

307 大いに議論＿＿＿＿＿＿ではないか。

1　しあって
2　しあおう
3　しあわない
4　しあうまい

문법

19 □□□

정답

문자

305 **3** 私は職業**訓練**の指導員として、農業を教えています。

나는 직업 훈련 지도원으로서 농업을 가르치고 있습니다.

訓	**クン** : 訓練する 훈련하다 · 訓読み 훈독
練	**レン** : 練習 연습 · 試練 시련
	ね (-る) : 練る 반죽하다 / 단련하다
導	**ドウ** : 指導する 지도하다
軍	**グン** : 軍隊 군대 · ~軍 ~군

어휘

306 **2** タバコをやめろと**くどい**ほど注意しているのに、息子はまだやめない。

담배를 끊으라고 귀찮을 정도로 주의를 주고 있는데 아들은 아직 끊지 않는다.

くどい	(되풀이하여) 귀찮다 / 끈덕지다
だらしない	◆**だらしない**生活 어수선한 생활
ばからしい	◆**ばからしい**話 터무니없는 이야기
面倒くさい	(めんどうくさい) 귀찮다

＊일상회화에서는「めんどくさい」라고도 한다

문법

307 **2** 大いに議論**し合おう**ではないか。

대대적으로 토론해 보지 않겠는가?

Vようではないか **Vようではありませんか** V 하지 않겠는가 (하자)

＊「~ましょうよ」강한 말투　＊「Vようではないか」는 남성이 사용

◆腹を割って、話し合**おうじゃないか**。

허심탄회하게 이야기를 나눠보지 않겠는가?

◆もっと人生を楽し**もうではありませんか**。

더 인생을 즐기지 않겠습니까?

308 食欲はないが、疲れたから、ちょっと喫茶店で休もう。

1 しょくよく
2 しょくおく
3 しょくゆく
4 しょくいく

문자

20 □□□

309 この学校では、試験の成績より授業に出席することのほうが＿＿＿＿＿だとされる。

1 重要
2 重体
3 強化
4 強力

어휘

20 □□□

310 明日の行事が行われるかどうかは、天気＿＿＿＿＿。

1 に応じる
2 に伴う
3 次第だ
4 限りだ

문법

20 □□□

308 **1** **食欲**(しょくよく)はないが、疲(つか)れたから、ちょっと喫茶店(きっさてん)で休(やす)もう。

식욕은 없지만 지쳤으니까 잠깐 찻집에서 쉬자.

문자

[欲] **ヨク** : 食欲(しょくよく) 식욕 · 意欲(いよく) 의욕 · 欲張(よくば)り 욕심이 많음 / 욕심꾸러기

ほ (-しい) : 欲(ほ)しい 하고 싶다 / 바라다 / 탐나다

[疲] **ヒ** : 疲労(ひろう) 피로

つか (-れる) : 疲(つか)れる 피곤하다

[喫] **キツ** : 喫煙(きつえん) 흡연 · 喫茶店(きっさてん) 찻집 / 카페

309 **1** この学校(がっこう)では、試験(しけん)の成績(せいせき)より授業(じゅぎょう)に出席(しゅっせき)することのほうが**重要**(じゅうよう)だとされる。

이 학교에서는 시험 성적보다 수업에 출석하는 것이 중요하다고 한다.

어휘

重要な (じゅうような) 중요한

重体 (じゅうたい) 중태

強化 (きょうか) 강화

強力な (きょうりょくな) 강력한

310 **3** 明日(あした)の行事(ぎょうじ)が行(おこな)われるかどうかは、天気(てんき)**次第**(しだい)**だ**。

내일 행사가 이루어질지 어떨지는 날씨에 달렸다.

문법

N次第だ (＝Nによる)

- 上達(じょうたつ)するかどうかは、本人(ほんにん)の努力(どりょく)**次第**(しだい)**です**。

  향상될지 어떨지는 본인의 노력에 달렸습니다.

- 手術(しゅじゅつ)するかどうかは検査(けんさ)の結果(けっか)**次第**(しだい)**です**。

  수술할지 말지는 검사 결과에 달렸습니다.

311 上司を敬う。

1　きそう
2　あらそう
3　ととのう
4　うやまう

21 □□□

문자

312 会社に行く途中で、大学時代の友人と＿＿＿＿＿
出会った。

1　ばったり
2　こっそり
3　ぎっしり
4　ぴったり

21 □□□

어휘

313 田中さんは経験が＿＿＿＿＿上に、知識も深い。

1　豊かで
2　豊かだ
3　豊かの
4　豊かな

21 □□□

문법

문자

311 **4** 上司(じょうし)を**敬(うやま)う**。

상사를 존경하다.

司	**シ**：司会(しかい) 사회 · 上司(じょうし) 상사
敬	**ケイ**：敬語(けいご) 경어 · 尊敬(そんけい)する 존경하다 **うやま** (-う)：敬(うやま)う 존경하다 / 숭상하다
競	**キョウ**：競争(きょうそう)する 경쟁하다 · 競技(きょうぎ) 경기 **ケイ**：競馬(けいば) 경마 **きそ** (-う)：競(きそ)う 다투다 / 겨루다

어휘

312 **1** 会社(かいしゃ)に行(い)く途中(とちゅう)で、大学時代(だいがくじだい)の友人(ゆうじん)と**ばったり**出会(であ)った。

회사에 가는 도중에 대학 시절의 친구와 딱 만났다.

ばったり	◆**ばったり**会(あ)う 딱 만나다
こっそり	◆**こっそり**逃(に)げる 몰래 도망치다
ぎっしり	◆箱(はこ)にりんごが**ぎっしり**入(はい)っている。 상자에 사과가 가득 들어 있다.
ぴったり	◆窓(まど)を**ぴったり**閉(し)める 창문을 꼭 닫는다 ◆計算(けいさん)が**ぴったり**合(あ)う 계산이 딱 맞는다

문법

313 **4** 田中(たなか)さんは経験(けいけん)が**豊(ゆた)かな**上(うえ)に、知識(ちしき)も深(ふか)い。

다나카 씨는 경험이 풍부한 데다가 지식도 깊다.

a上にb a 인 데다가 b （＝a、その上(うえ)bだ）

◆試験(しけん)に落(お)ちた**上(うえ)に**恋人(こいびと)にも振(ふ)られた。

시험에 떨어진 데다가 애인에게도 차였다.

◆彼(かれ)はハンサムな**上(うえ)に**親切(しんせつ)だ。

그는 핸섬한 데다가 친절하다.

◆あの人(ひと)は頭(あたま)がいい**上(うえ)に**性格(せいかく)もいい。

저 사람은 머리가 좋은 데다가 성격도 좋다.

314 <u>いのち</u>の大切さを学ぶ。

1 谷
2 余
3 令
4 命

문자

22 □□□

315 給料は上がったけれど、なかなか生活は＿＿＿＿なりません。

1 はでに
2 のんきに
3 らくに
4 ゆっくり

어휘

22 □□□

316 携帯電話の普及(ふきゅう)＿＿＿＿、利用者のマナーが問題となってきている。

1 とともに
2 一方で
3 ながら
4 あまり

문법

22 □□□

문자

314 **4** 命(いのち)の大切(たいせつ)さを学(まな)ぶ。

생명의 소중함을 배운다.

[命] **メイ** : 生命(せいめい) 생명

ミョウ : 寿命(じゅみょう) 수명

いのち : 命(いのち) 목숨

[谷] **たに** : 谷(たに) 계곡

[余] **ヨ** : 余計(よけい)な 쓸데없는 · 余分(よぶん)の 여분의 · 余裕(よゆう) 여유

あま (-る) : 余(あま)る 남다

[令] **レイ** : 命令(めいれい)する 명령하다

어휘

315 **3** 給料(きゅうりょう)は上(あ)がったけれど、なかなか生活(せいかつ)は**楽(らく)に**なりません。

봉급은 올랐지만 좀처럼 생활은 편해지지 않습니다.

[**楽な**] (らくな) ◆**楽(らく)な**生活(せいかつ) 편안한 생활

◆**楽(らく)に**なる 편해지다

*楽(らく)に~する 쉽게 ~ 하다

◆どうぞ**楽(らく)に**してください。 부디 편히 해 주세요.

문법

316 **1** 携帯電話(けいたいでんわ)の普及(ふきゅう)**とともに**、利用者(りようしゃ)のマナーが問題(もんだい)となってきている。 **OK** 携帯電話(けいたいでんわ)が普及(ふきゅう)するとともに / 普及(ふきゅう)する一方(いっぽう)で

휴대전화의 보급과 함께 이용자의 매너가 문제가 되고 있다.

[**aとともにb**] (=aと同時(どうじ)にb/aにつれてb/aに従(したが)ってb/aに伴(ともな)ってb)

◆組織(そしき)が大(おお)きくなる**とともに**管理(かんり)が難(むずか)しくなる。

조직이 커짐과 동시에 관리가 어려워진다.

◆産業(さんぎょう)の不振(ふしん)**とともに**失業者(しつぎょうしゃ)が増加(ぞうか)する。

산업의 부진과 함께 실업자가 증가한다.

317 <u>貿易</u>の専門学校に行きたいと言うと、両親は賛成してくれた。

1　ぼえき
2　ぼうえき
3　ぼいき
4　ぼういき

23 □□□

문자

318 私は＿＿＿＿＿から、何をするにも時間がかかる。

1　納得（なっとく）がいかない
2　要領が悪い
3　手間になる
4　まねをする

23 □□□

어휘

319 このタイプの電池は、発火の＿＿＿＿＿があります。回収にご協力ください。

1　がち
2　おそれ
3　かぎり
4　きっかけ

23 □□□

문법

정답

317 **2** **貿易**の専門学校に行きたいと言うと、両親は賛成してくれた。

무역 전문학교에 가고 싶다고 하자 부모님은 찬성해 주었다 .

문자

| 貿 | **ボウ**：貿易 무역

| 易 | **エキ**：貿易 무역

イ：容易な 용이한 / 쉬운・安易な 안이한

やさ (- しい)：易しい 쉽다

| 専 | **セン**：専門 전문・専攻する 전공하다

| 賛 | **サン**：賛成する 찬성하다

318 **2** 私は**要領が悪い**から、何をするにも時間がかかる。

나는 요령이 나빠서 무엇을 하더라도 시간이 걸린다 .

어휘

| **要領** | (ようりょう) 요령

◆**要領**よく説明する 요령있게 설명하다

◆仕事の**要領**を覚える 업무의 요령을 깨닫다

| **納得** | (なっとく) ◆**納得**がいかない (＝納得できない) 이해가 가지 않는다

⇔ 納得がいく (＝納得する) 이해가 가다

| **手間** | (てま) ◆**手間**がかかる (어떤 일을 하는 데) 노력이나 수고가 들다

| **真似** | (まね) ◆**真似**をする (＝真似る) 흉내를 내다

319 **2** このタイプの電池は、発火の**恐れ**があります。回収にご協力ください。

이 타입의 건전지는 발화의 위험이 있습니다 . 회수에 협력해 주십시오 .

문법

| **Nの恐れがある** | | **Vる恐れがある** | ~의 위험이 있다

＊나쁜 일이 발생할 가능성이 있다

◆この病気は**空気感染の恐れがある**。

이 병은 공기감염의 위험이 있다 .

◆今夜から明け方にかけて、**台風が上陸する恐れがある**。

오늘밤부터 새벽 사이에 태풍이 상륙할 위험이 있다 .

320 庭の木を切るのはいいが、切った枝を片付けるのがめんどうだ。

1 面到
2 面堂
3 面道
4 面倒

24 □□□

문자

321 大雨が続いて、川が＿＿＿＿＿あふれそうだ。

1 いまに
2 いまでも
3 いままで
4 いまにも

24 □□□

어휘

322 いけないと＿＿＿＿＿つつ、ついしゃべってしまった。

1 思い
2 思う
3 思え
4 思わ

24 □□□

문법

320 **4** 庭(にわ)の木(き)を切(き)るのはいいが、切(き)った枝(えだ)を片付(かたづ)けるのが**面倒(めんどう)**だ。

정원의 나무를 자르는 것은 좋지만 자른 가지를 정리하는 것이 귀찮다 .

문자

| 枝 | **えだ** : 枝(えだ) 가지

| 片 | **ヘン** : 破片(はへん) 파편

かた : 片方(かたほう) 한쪽 · 片付(かたづ)く 정돈되다 · 片付(かたづ)ける 치우다 · 片道(かたみち) 편도

| 倒 | **トウ** : 面倒(めんどう)な 귀찮은 · 倒産(とうさん)する 도산하다

たお (-れる /-す) : 倒(たお)れる 쓰러지다 / 넘어지다 · 倒(たお)す 쓰러뜨리다 / 넘어뜨리다

| 到 | **トウ** : 到着(とうちゃく)する 도착하다

321 **4** 大雨(おおあめ)が続(つづ)いて、川(かわ)が**今(いま)にも**あふれそうだ。

큰비가 계속되어 강이 지금이라도 넘칠 것 같다 .

어휘

| **今にも** | (いまにも) ◆**今(いま)にも**~しそう 당장에라도 ~할 것 같다

| **今に** | (いまに) 아직도 / 언젠가

| **今でも** | (いまでも) 지금도

| **今まで** | (いままで) 지금까지

322 **1** いけないと**思(おも)い**つつ、ついしゃべってしまった。

안된다고 생각하면서 그만 말해 버렸다 .

문법

| **Vつつ(も)** | V 하면서 (도)

* V~~ます~~つつ (＝ながら) * ①동시 ②역접의 딱딱한 표현

◆子供(こども)の姿(すがた)を目(め)で追(お)い**つつ**、家事(かじ)をした。

아이의 모습을 눈으로 감시하면서 집안 일을 했다 .

◆連絡(れんらく)しなければと思(おも)い**つつ**、忘(わす)れてしまった。

연락을 하지 않으면 안된다고 생각하면서 잊어버렸다 .

323 家具が倒れないように専用の器具を壁に突き刺して固定する。

1 かび
2 かべ
3 かぶ
4 かば

25 □□□

문자

324 私は、朝起きて一番に新聞に________、それから出かける支度をする。

1 目をかけ
2 目を引き
3 目をつけ
4 目を通し

25 □□□

어휘

325 あやまれば済む________。

1 わけにはいかない
2 どころではない
3 というものではない
4 よりほかない

25 □□□

문법

323 **2** 家具(かぐ)が倒(たお)れないように専用(せんよう)の器具(きぐ)を<u>壁(かべ)</u>に突(つ)き刺(さ)して固定(こてい)する。

가구가 넘어지지 않도록 전용 기구를 벽에 꽂아 고정한다.

문자

[壁] **ヘキ** : 壁画(へきが) 벽화

かべ : 壁(かべ) 벽

[突] **トツ** : 突然(とつぜん) 돌연 / 갑자기

つ (-く) : 突(つ)く 찌르다 · 突(つ)き当(あ)たり 충돌 / 막다르다

[固] **コ** : 固体(こたい) 고체 · 固定(こてい)する 고정하다

かた (-い) : 固(かた)い 단단하다 / 딱딱하다

324 **4** 私(わたし)は、朝起(あさお)きて一番(いちばん)に新聞(しんぶん)に<u>**目(め)を通(とお)し**</u>、それから出(で)かける支度(したく)をする。

나는 아침에 일어나서 가장 먼저 신문을 읽고 그러고 나서 나갈 준비를 한다.

어휘

[**目を通す**] (めをとおす) 훑어보다 / 읽다

[**目をかける**] (めをかける) 총애하다

[**目を引く**] (めをひく) 눈을 끌다

[**目をつける**] (めをつける) 노리다 / 점찍다

325 **3** 謝(あやま)れば済(す)む<u>**というものではない**</u>。

사과한다고 끝나는 것은 아니다.

문법

[**~というものでは(/も)ない**] ~라는 것은 아니다

＊「~ば」「~なら」와 함께 자주 사용된다

◆ 日本製(にほんせい)なら<u>品質(ひんしつ)がいい**というものでもない**</u>。

일본제라면 품질이 좋다라는 것은 아니다.

◆ 安(やす)ければ<u>売(う)れる**というものではない**</u>。

싸면 팔릴 것이라는 것은 아니다.

326 この食品には小麦粉は含まれておりません。

1　つかまれて
2　かこまれて
3　ふくまれて
4　しくまれて

문자

26 □□□

327 その書類には、はんこが必要です。＿＿＿＿＿
忘れないように。

1　くれぐれも
2　いつまでも
3　すこしも
4　ちっとも

어휘

26 □□□

328 この漫画の内容は、＿＿＿＿＿よくない。

1　教育の上に
2　教育上
3　教育の上
4　教育以上

문법

26 □□□

326 **3** この食品には小麦粉は**含まれて**おりません。

이 식품에는 밀가루는 포함되어 있지 않습니다.

문자

麦	むぎ : 小麦 밀가루　＊蕎麦 메밀 / 소바
粉	フン : 粉末 분말
	こ : 小麦粉 소맥분 / 밀가루 · パン粉 빵가루
	こな : 粉 가루
含	ふく (-む/-める) : 含む 포함하다 / 함유하다 · 含める 포함시키다

327 **1** その書類には、はんこが必要です。**くれぐれも**忘れないように。

그 서류에는 도장이 필요 합니다. 부디 잊지 않으시기를.

어휘

くれぐれも	부디
いつまでも	언제까지나
少しも～ない	(すこしも～ない) 조금도 ~ 하지 않다
ちっとも～ない	조금도 ~ 하지 않다

328 **2** この漫画の内容は、**教育上**よくない。　OK 教育の上では

이 만화의 내용은 교육상 좋지 않다.

문법

N上(は)　N 상 (＝Nの点から)

◆バスは危険防止上、急に止まることがあります。

버스는 위험방지상 급하게 멈추는 경우가 있습니다.

Nの上で(は)　N 상으로(는)

◆暦の上ではもう春ですが、雪が降りました。(＝暦上は)

달력상으로는 이미 봄이지만 눈이 내렸습니다.

329 これに「日本語の諸問題」という題をつけ、<u>せいしょ</u>して印刷する。

1　精書
2　正書
3　清書
4　情書

27 □□□

330 日本でも＿＿＿＿＿が不足するという時代が来るかもしれない。

1　食糧（しょくりょう）
2　食費
3　食欲
4　食事

27 □□□

331 このたび、閉店することとなり、これまでのお礼とごあいさつに参った＿＿＿＿＿。

1　次第です
2　ざるをえません
3　以上です
4　よりほかありません

27 □□□

329 **3** これに「日本語(にほんご)の諸問題(しょもんだい)」という題(だい)をつけ、**清書**(せいしょ)して印刷(いんさつ)する。

이것에「일본어의 제반 문제」라는 제목을 붙이고 정서하여 인쇄한다.

문자

諸 **ショ**：**諸問題**(しょもんだい) 제반문제 / 여러 문제・**諸国**(しょこく) 제국 / 여러 국가

清 **セイ**：**清潔**(せいけつ)な 청결한・**清書**(せいしょ)する 정서하다

きよ (-い)：**清**(きよ)い 맑다 / 깨끗하다・**清**(きよ)らかな 깨끗한

刷 **サツ**：**印刷**(いんさつ)する 인쇄하다

す (-る)：**刷**(す)る 찍다 / 인쇄하다

精 **セイ**：**精算**(せいさん)する 정산하다・**精神**(せいしん) 정신

330 **1** 日本(にほん)でも**食糧**(しょくりょう)が不足(ふそく)するという時代(じだい)が来(く)るかもしれない。

일본에서도 식량이 부족한 시대가 올지도 모른다.

어휘

食糧 식량　＊食料(しょくりょう) 식료 / 음식물

＊「食糧(しょくりょう)」은 주로 쌀이나 보리 등을 말한다.

食欲 ◆**食欲**(しょくよく)がある 식욕이 있다

◆**食欲**(しょくよく)がわく 식욕이 나다

331 **1** このたび、閉店(へいてん)することとなり、これまでのお礼(れい)とご挨拶(あいさつ)に参(まい)った**次第**(しだい)**です**。　**OK** というわけです

이번에 폐점하게 되어 지금까지의 답례와 인사차 들른 것입니다.

문법

～(という)次第だ　～(라는) 바이다

(＝～というわけだ)　＊설명을 나타낸다　＊딱딱한 표현

◆お近(ちか)くに開店(かいてん)いたしましたので、ご案内(あんない)を差(さ)し上(あ)げる**次第**(しだい)**でございます**。

근처에 개점하였으므로 안내를 드리는 바입니다.

332 彼は、群がる記者たちに対して、「私はそれについて肯定も否定もしない。」とコメントした。

1　もりあがる
2　むれがる
3　ぶらさがる
4　むらがる

문자

28 □□□

333 一生懸命走ったので、________電車に間に合った。

1　なんでも
2　なんとか
3　なんとなく
4　なんとも

어휘

28 □□□

334 家族と相談________、お返事いたします。

1　する上で
2　上で
3　した上で
4　上は

문법

28 □□□

332 **4** 彼は、**<u>群がる</u>**記者たちに対して、「私はそれについて肯定も否定もしない。」とコメントした。

그는 몰려드는 기자들에게「나는 그것에 대해 긍정도 부정도 하지 않는다.」고 견해를 말했다.

문자

群	**む** (-れ) : 群れ 무리
	む (-れる) : 群れる 떼를 짓다
	むら : 群がる 군집하다
肯	**コウ** : 肯定する 긍정하다
否	**ヒ** : 否定する 부정하다

333 **2** 一生懸命走ったので、**<u>何とか</u>**電車に間に合った。

열심히 달렸기 때문에 겨우 전철 시간에 늦지 않게 되었다.

어휘

何とか (なんとか) 어떻게든 / 겨우

◆**何とか**する 어떻게든 하다

何となく (なんとなく) 왠지

何とも～ない (なんとも～ない) 아무렇지도 ~않다

334 **3** 家族と相談**<u>した上で</u>**、お返事いたします。 **OK** 相談の上

가족과 상의한 뒤에 답을 하겠습니다.

문법

Nの上で **Vた上で** (＝～してから)

◆もう少し<u>考え**た上で**</u>決めます。

좀 더 생각한 뒤에 결정하겠습니다.

Vる上で (＝Vる場合)

◆この機械を<u>使**う上で**</u>の注意事項を読む。

이 기계를 사용함에 있어서의 주의사항을 읽는다.

335 このあたりは高層マンションが多い。

1 辺り
2 与り
3 周り
4 測り

문자

29 □□□

336 私の家のまわりには、＿＿＿＿＿になるような建物が何もないので、見つけにくいかもしれません。

1 目印
2 合図
3 目的
4 道順

어휘

29 □□□

337 小さい地震が続いている。大地震が＿＿＿＿＿。

1 来るに決まらない
2 来るに決まってない
3 来るのではあるまい
4 来るのではあるまいか

문법

29 □□□

335 **1** この**辺り**(あた)は高層(こうそう)マンションが多(おお)い。

이 근처는 고층 맨션이 많다.

문자

辺	**ヘン**：辺(へん) 변 / 근처・周辺(しゅうへん) 주변
	あた (-り)：辺り(あた) 근처　**べ**：海辺(うみべ) 해변
層	**ソウ**：層(そう) 층・高層(こうそう) 고층・地層(ちそう) 지층
与	**ヨ**：給与(きゅうよ) 급여
	あた (-える)：与える(あた) 주다 / 수여하다
測	**ソク**：測定する(そくてい) 측정하다・予測する(よそく) 예측하다
	はか (-る)：測る(はか) 재다

336 **1** 私(わたし)の家(いえ)のまわりには、**目印**(めじるし)になるような建物(たてもの)が何(なに)もないので、見(み)つけにくいかもしれません。

우리집 주위에는 눈에 띌 만한 건물이 아무것도 없어서 찾기 어려울지도 모릅니다.

어휘

目印 (めじるし) 표시 / 목표물

合図 (あいず) 신호

目的 (もくてき) 목적

道順 (みちじゅん) 가는 순서

337 **4** 小(ちい)さい地震(じしん)が続(つづ)いている。大地震(おおじしん)が**来**(く)**るのではあるまいか**。

작은 지진이 계속되고 있다. 대지진이 오는 것이 아닐까.

문법

Vるまいか　(＝Vだろうと思(おも)う)

◆ 宝(たから)くじに当(あ)たるなんて夢(ゆめ)では**あるまいか**。 복권에 당첨되다니 꿈이 아닐까?

Vるまい　V하지 않을 것이다

◆ お前(まえ)には俺(おれ)の気持(きも)ちはわか**るまい**。(＝わからないだろう)

너는 나의 마음을 모를 것이다.

◆ あの店(みせ)には二度(にど)と行(い)**くまい**。(＝行(い)かないつもりだ)

저 가게에는 두 번다시 가지 않겠다.

338 ゆで卵を刻んでマヨネーズで混ぜたものや、ハムなどをパンに挟んで、お召し上がりください。

1 かこんで
2 きざんで
3 つつんで
4 はさんで

문자

30 □□□

339 大量にコピーしたので、用紙が________しまった。

1 切れて
2 済んで
3 破れて
4 抜けて

어휘

30 □□□

340 雪が________、行かなければならない。

1 降ろうか降るまいか
2 降ろうか降ろうとしまいか
3 降ろうが降るまいが
4 降ろうが降ろうとしまいが

문법

30 □□□

338 **2** ゆで卵を**刻んで**マヨネーズで混ぜたものや、ハムなどをパンに挟んで、お召し上がりください。

삶은 달걀을 잘게 썰어 마요네즈로 버무린 것과 햄 등을 빵 사이에 넣어 드십시오 .

문자

[刻] **コク** : 深刻な 심각한 · 時刻 시각 / 시간

きざ (-む) : 刻む 잘게 썰다

[挟] **はさ** (-まる /-む) : 挟まる 틈에 끼이다 · 挟む 끼다

[召] **め** (-す) : 召し上がる 드시다 / 잡수다

339 **1** 大量にコピーしたので、用紙が**切れて**しまった。

대량으로 복사했기 때문에 용지가 다 떨어져 버렸다 .

어휘

[**切れる**] (きれる) ◆電池が**切れる** 건전지가 떨어지다

◆糸が**切れる** 실이 끊어지다

◆電話が**切れる** 전화가 끊어지다

[**済む**] (すむ) ◆仕事が**済む** 일이 끝나다

＊宿題を済ませる 숙제를 끝마치다

340 **3** 雪が**降ろうが降るまいが**、行かなければならない。

눈이 내리든 내리지 않든 가지 않으면 안된다 .

문법

[**～うが～まいが**] [**～うと～まいと**] (＝～ても～ても)

◆食べ**ようと**食べ**まいと**、あなたの勝手です。(＝食べても食べなくても)

먹든 먹지 않든 당신 마음입니다 .

◆どんな事情があ**ろうが** (＝どんな事情があっても) 어떤 일이 있어도

[**～うか～まいか**] ~ 할지 ~ 말지

◆パーティーに行**こうか**行く**まいか**迷っている。

파티에 갈지 말지 망설이고 있다 .

341 禁煙席と<u>喫煙席</u>、どちらがよろしいですか。→ 308

1　けつえんせき　　2　きつえんせき

1 □□□

342 病気の回復を<u>いのる</u>。→ 299

1　折る　　2　祈る

2 □□□

문자

343 めがねを＿＿＿＿と、イメージが変わるね。→ 288

1　はずす　　2　はぶく

1 □□□

344 ＿＿＿＿仕事を辞めて、大学でもう一度勉強することにした。→ 270

1　思いっきり　　2　思い切って

2 □□□

어휘

345 学生は、勉強さえしていればいい＿＿＿＿。→ 325

1　というものではない　　2　おそれがない

1 □□□

346 これ以上、不況が続いたら、この会社も倒産＿＿＿＿。→ 265

1　しかねる　　2　しかねない

2 □□□

문법

347 <u>芸術</u>の秋、食欲の秋、スポーツの秋などと言います。→ 251

1　げいのう　　2　げいじゅつ

3 □□□

문자

348 園内の動物に食べ物を<u>あたえないで</u>ください。→ 335

1　与えないで　　2　給えないで

4 □□□

349 あれ、田中さん、＿＿＿＿帰ったんだろう。用事があったのに。→ 255

1　あっという間に　　2　いつの間に

3 □□□

어휘

350 外食ばかりしているから、＿＿＿＿が高くついて仕方がない。→ 258

1　食代　　2　食費

4 □□□

351 ＿＿＿＿のあまり、私はしばらく声も出なかった。→ 262

1　驚き　　2　驚く

3 □□□

문법

352 病気は回復＿＿＿＿。→ 289

1　しつつある　　2　しがちだ

4 □□□

앞 페이지 정답　341 2　342 2　343 1　344 2　345 1　346 2

353 <u>灯油</u>を買いに行く。→ 299

1　とうゆ　　2　ちょうゆ

5 □□□

문자

354 この魚は海の<u>そこ</u>にいます。→ 260

1　床　　2　底

6 □□□

355 11月に入ってから、＿＿＿＿気温が下がった。→ 297

1　至急　　2　急激に

5 □□□

어휘

356 コンピューターの故障のため、本日は本の＿＿＿＿ができません。→ 300

1　貸し出し　　2　引き出し

6 □□□

357 この薬を使う＿＿＿＿、次のことに気を付けてください。→ 334

1　上で　　2　上に

5 □□□

문법

358 上司に呼ばれたら、休みでも会社に＿＿＿＿。→ 268

1　こざるをえない　　2　きざるをえない

6 □□□

문자

359 宇宙旅行が夢ではなくなった。→ 278

1　むちゅう　　2　うちゅう

7 □□□

360 このシートをふくめて4枚です。→ 326

1　込めて　　2　含めて

8 □□□

어휘

361 今日中にこの仕事を全部＿＿＿＿＿いけない。→ 339

1　済ませないと　　2　集中させないと

7 □□□

362 図書館で本を借りたら返すのが当たり前だが、＿＿＿＿＿と言って返さない人がいる。→ 306

1　だらしない　　2　面倒くさい

8 □□□

문법

363 安全確認が＿＿＿＿＿次第、運転を再開します。→ 283

1　できた　　2　でき

7 □□□

364 電話の声＿＿＿＿＿、優しそうな人だ。→ 298

1　からすると　　2　次第で

8 □□□

앞 페이지 정답　353 1　354 2　355 2　356 1　357 1　358 1

문자

365 <u>大幅</u>な変更はありません。 → 284

1　おおはば　　2　おおほぼ

9 □□□

366 暗いからライトで<u>てらして</u>ください。 → 260

1　照らして　　2　灯らして

10 □□□

어휘

367 計算が＿＿＿＿合うまで、家に帰れない。 → 312

1　ぎっしり　　2　ぴったり

9 □□□

368 田中さんは、仕事の＿＿＿＿を覚えるのが速い。 → 318

1　要領　　2　手間

10 □□□

문법

369 ベッドに入るか入らないかの＿＿＿＿、寝てしまった。 → 286

1　のうちに　　2　のあまり

9 □□□

370 本当のことを話そうか話す＿＿＿＿悩んでいます。 → 340

1　まいと　　2　まいか

10 □□□

문자

371 よく家の手伝いをして<u>偉い</u>ね。→ 251

1　いらい　　　2　えらい

11 □□□

372 機械を<u>そうさする</u>。→ 281

1　操作する　　　2　捜査する

12 □□□

어휘

373 自分の＿＿＿＿に合った大学を選ぶことが重要だ。→ 336

1　納得　　　2　目的

11 □□□

374 田中先生は、話す＿＿＿＿が速くて、聞き取るのが大変だ。→ 294

1　タイミング　　　2　テンポ

12 □□□

문법

375 来週は＿＿＿＿の天気が続くでしょう。→ 301

1　曇りがちの　　　2　曇りっぽい

11 □□□

□□□

앞 페이지 정답　365 1　366 1　367 2　368 1　369 1　370 2

제 4 주

- 6 일째까지 마친 후 정답 수를 세어 기록합시다.
- 정답 수가 적은 분야가 있으면 다시 한 번 푼 후에 7 일째로 나아갑시다.
- 7 일째는 복습입니다. 다 마친 후 정답 수를 적고, 학습 효과를 확인합시다.

문자

	1 ~ 6 일째	7 일째 (복습)
1 회차	／30 문제	／12 문제
2 회차	／30 문제	／12 문제
3 회차	／30 문제	／12 문제

어휘

	1 ~ 6 일째	7 일째 (복습)
1 회차	／30 문제	／12 문제
2 회차	／30 문제	／12 문제
3 회차	／30 문제	／12 문제

문법

	1 ~ 6 일째	7 일째 (복습)
1 회차	／30 문제	／11 문제
2 회차	／30 문제	／11 문제
3 회차	／30 문제	／11 문제

문자

＿＿＿＿ のことばに対し、ひらがなは漢字に、漢字はひらがなに直して、正しいものを選択肢から選びなさい。

＿＿＿＿ 의 단어에 대해 히라가나는 한자로 , 한자는 히라가나로 고치고 바른 것을 선택지에서 고르시오 .

어휘

＿＿＿＿ のところに何を入れたらよいか。いちばん適当なものを選択肢から一つ選びなさい。

＿＿＿＿ 에 무엇을 넣으면 좋은지 가장 적당한 것을 선택지에서 하나 고르시오.

문법

＿＿＿＿ のところに何を入れたらよいか。いちばん適当なものを選択肢から一つ選びなさい。

＿＿＿＿ 에 무엇을 넣으면 좋은지 가장 적당한 것을 선택지에서 하나 고르시오.

376 劇場には<u>抱え</u>きれないほどの花束や贈り物が届いていた。

1　ささえ
2　かかえ
3　たたえ
4　ひかえ

1 □□□

문자

377 これは、＿＿＿＿＿のガソリン消費量を表したグラフです。

1　年度
2　年月
3　年代
4　年間

1 □□□

어휘

378 お食事中＿＿＿＿＿、お邪魔(じゃま)してすみません。

1　のあげく
2　のところ
3　のこととて
4　のあまり

1 □□□

문법

376 **2** 劇場(げきじょう)には**抱え(かか)**きれないほどの花束(はなたば)や贈(おく)り物(もの)が届(とど)いていた。

극장에는 다 안을 수 없을 정도로 많은 꽃다발과 선물이 도착해 있었다.

문자

劇 **ゲキ**：劇場(げきじょう) 극장・演劇(えんげき) 연극

抱 **だ** (-く)：抱(だ)く 껴안다 **いだ** (-く)：抱(いだ)く 안다 / 품다

かか (-える)：抱(かか)える 안다

贈 **おく** (-る)：贈(おく)る 보내다 / 주다・贈(おく)り物(もの) 선물

377 **4** これは、**年間(ねんかん)**のガソリン消費量(しょうひりょう)を表(あらわ)したグラフです。

이것은 연간 휘발유 소비량을 나타낸 그래프입니다.

어휘

年間 (ねんかん) 연간

年度 (ねんど) 연도

年月 (ねんげつ) 세월

年代 (ねんだい) ◆1990**年代(ねんだい)** 1990 년대

378 **2** お食事中(しょくじちゅう)**のところ**、お邪魔(じゃま)してすみません。

식사 중에 방해해서 죄송합니다.

문법

～ところ(を) ~한 상황에 (=～という状況(じょうきょう)なのに)

◆お忙(いそが)しい**ところを**わざわざおいでいただき、ありがとうございました。

바쁘신 중에 일부러 와 주셔서 감사합니다.

◆お取(と)り込(こ)み中(ちゅう)の**ところ**、失礼(しつれい)いたします。

어수선하신 중에 실례하겠습니다.

379 この映画はノーベル賞を受賞したてんさい数学者の栄光と苦しみの物語である。

1 点才
2 展才
3 転才
4 天才

문자

2 □□□

380 その事件は、________で大きく取り上げられた。

1 ジャンル
2 アンケート
3 マスコミ
4 ニュアンス

어휘

2 □□□

381 経験のあるなし________、パートタイマーを募集します。

1 いかんでは
2 にかぎり
3 よらず
4 にかかわらず

문법

2 □□□

379 **4** この映画(えいが)はノーベル賞(しょう)を受賞(じゅしょう)した**天才(てんさい)**数学者(すうがくしゃ)の栄光(えいこう)と苦(くる)しみの物語(ものがたり)である。

이 영화는 노벨상을 수상한 천재 수학자의 영광과 고뇌의 이야기이다.

문자

賞	**ショウ**：賞品(しょうひん) 상품 · 賞金(しょうきん) 상금 · ノーベル賞(しょう) 노벨상 受賞(じゅしょう)する 수상하다
才	**サイ**：才能(さいのう) 재능 · 天才(てんさい) 천재
栄	**エイ**：栄養(えいよう) 영양 · 栄光(えいこう) 영광

380 **3** その事件(じけん)は、**マスコミ**で大(おお)きく取(と)り上(あ)げられた。

그 사건은 매스컴에서 크게 다루어졌다.

어휘

マスコミ	매스컴
ジャンル	장르
アンケート	앙케트
ニュアンス	뉘앙스

381 **4** 経験(けいけん)のあるなし**にかかわらず**、パートタイマーを募集(ぼしゅう)します。

경험이 있든 없든 상관없이 파트타임 아르바이트를 모집합니다.

문법

Nにかかわらず N에 상관없이 (＝Nに関係(かんけい)なく)

＊N＝연령, 성별 외에 반대어 (유무, 선악 등)

◆ **合否(ごうひ)にかかわらず**、通知(つうち)します。

합격 불합격에 상관없이 통지합니다.

Nによらず N에 상관없이

◆ **学歴(がくれき)によらず**、能力(のうりょく)のある人(ひと)を採用(さいよう)する。

학력에 상관없이 능력있는 사람을 채용한다.

382 男は、酒を飲んで暴れ、仲間を殺すと叫んでいた。

1 あばれ
2 あわれ
3 あらわれ
4 あなわれ

문자

3 □□□

383 彼は首相に________人物だ。

1 やかましい
2 ふさわしい
3 たのもしい
4 ひとしい

어휘

3 □□□

384 大臣の発言は、党の信用________と批判の声が上がった。

1 にかかわるものだ
2 ではあるまいし
3 といったところだ
4 きわまりない

문법

3 □□□

382 1 男は、酒を飲んで**暴れ**、仲間を殺すと叫んでいた。

남자는 술을 마시고 날뛰며 동료를 죽이겠다고 소리치고 있었다 .

문자

- 暴 **ボウ** : 乱暴な 난폭한
- **あば** (-れる) : 暴れる 난폭하게 굴다
- 仲 **なか** : 仲良し 사이가 좋음 · 仲直り 화해 · 仲間 동료
- 殺 **サツ** : 自殺 자살 · 殺人 살인
- **ころ** (-す) : 殺す 죽이다
- 叫 **さけ** (-ぶ) : 叫ぶ 외치다 · 叫び 외침

383 2 彼は首相に**ふさわしい**人物だ。

그는 수상으로 어울리는 인물이다 .

어휘

- **ふさわしい** 어울리다
- **やかましい** 요란스럽다
- **頼もしい** (たのもしい) 믿음직스럽다
- **等しい** (ひとしい) 동등하다

384 1 大臣の発言は、党の信用**に関わるものだ**と批判の声が上がった。

장관의 발언은 당의 신용에 관계되는 것이라고 비판의 목소리가 나왔다 .

문법

Nに関わる N 에 관련되다 (＝Nに関係する)

- ああいう店員を雇っていたのでは**店の評判に関わります**。
  저런 점원을 고용하고 있어서는 가게의 평판과 관련됩니다 .
- **名誉に関わる**問題だから、白黒はっきりさせなければならない。
  명예에 관련된 문제이므로 흑백을 확실히 가려야 한다 .

385 <u>ちいき</u>の行事に積極的に参加しましょう。

1　地城
2　知職
3　地域
4　知識

4 □□□

문자

386 あ、また計算を間違えた。今日はなんだか頭が＿＿＿＿＿するなあ。

1　ぼうっと
2　しいんと
3　ちらっと
4　さっさと

4 □□□

어휘

387 天気が悪いので人は＿＿＿＿＿と思いきや、会場は満員になった。

1　集まった
2　集まるまい
3　集まろう
4　集まりつつ

4 □□□

문법

385 **3** **地域**の行事に積極的に参加しましょう。

지역의 행사에 적극적으로 참여합시다 .

문자

域	**イキ** : 地域 지역 · 流域 유역
極	**キョク** : 北極 북극 ⇔ 南極 남극 · 積極的 적극적 ⇔ 消極的 소극적
城	**ジョウ** : 大阪城 오사카성
	しろ : 城 성
職	**ショク** : 職業 직업 · 就職する 취직하다

386 **1** あ、また計算を間違えた。今日はなんだか頭が**ぼうっと**するなあ。

아 , 또 계산을 잘못했다 . 오늘은 왠지 머리가 멍하네 .

어휘

ぼうっとする	멍해지다
しいんとする	(소리하나 없이) 조용해지다
ちらっと	◆**ちらっと**見る 언뜻 보다
さっさと	◆**さっさと**する 재빨리 해치우다 .

387 **2** 天気が悪いので人は**集まるまい**と思いきや、会場は満員になった。

날씨가 나빠서 사람이 모이지 않을 거라고 생각했는데 회장은 만원이 되었다 .

문법

～と思いきや ~ 라고 생각했지만 (＝～と思ったが)　＊예상과 결과가 반대

◆簡単な問題だ**と思いきや**、なかなか解けなかった。

간단한 문제라고 생각했지만 좀처럼 풀 수 없었다 .

◆春が来た**と思いきや**、また冬に逆戻りしそうだ。

봄이 왔다고 생각했는데 다시 겨울로 되돌아갈 것 같다 .

388 水には軟水、硬水、炭酸水がある。

1　かっすい
2　こうずい
3　ぎょうずい
4　こうすい

5 □□□

문자

389 子供の＿＿＿＿＿が多いのが気になり、眼科(がんか)に連れていきました。

1　にきび
2　あざ
3　まばたき
4　しみ

5 □□□

어휘

390 あの人は他人にきびしい＿＿＿＿＿、自分にもきびしい。

1　ばかりに
2　によらず
3　ばかりで
4　のみならず

5 □□□

문법

정답

문자

388 **4** 水(みず)には軟水(なんすい)、**<u>硬水</u>**(こうすい)、炭酸水(たんさんすい)がある。

물에는 연수, 경수, 탄산수가 있다.

[硬] **コウ** : 硬貨(こうか) 경화 / 동전 / 코인 · 硬水(こうすい) 경수

かた (-い) : 硬(かた)い 딱딱하다

[軟] **ナン** : 軟水(なんすい) 연수 · 柔軟(じゅうなん)な 유연한

やわ (-らかい) : 軟(やわ)らかい 연하다 / 부드럽다

[炭] **タン** : 石炭(せきたん) 석탄 · 炭鉱(たんこう) 탄광 · 炭酸(たんさん)ガス 탄산가스 · 炭酸水(たんさんすい) 탄산수

어휘

389 **3** 子供(こども)の**<u>まばたき</u>**が多(おお)いのが気(き)になり、眼科(がんか)に連(つ)れていきました。

아이의 눈깜박임이 많아 걱정이 되어 안과에 데려갔습니다.

まばたき	눈깜박임
にきび	여드름
あざ	멍
染み	(しみ) 얼룩

문법

390 **4** あの人(ひと)は他人(たにん)に厳(きび)しい**<u>のみならず</u>**、自分(じぶん)にも厳(きび)しい。

OK 厳(きび)しいばかりか／厳(きび)しいばかりでなく

저 사람은 타인에게 엄격할 뿐만아니라 자신에게도 엄격하다.

[(ただ) aのみならずb(も)] (＝aばかりかb／aばかりでなくb)

(=a 뿐만 아니라 b)

- この家具(かぐ)はデザイン性(せい)に<u>優(すぐ)れている**のみならず**、実用的(じつようてき)だ</u>。

  이 가구는 디자인이 뛰어날 뿐만 아니라 실용적이다.

- 最近(さいきん)は<u>女性(じょせい)**のみならず**、男性(だんせい)**も**</u>化粧(けしょう)をする。

  요즘은 여성뿐만 아니라 남성도 화장을 한다.

391 東京<u>わん</u>で巨大魚が発見された。

1 河
2 岸
3 湾
4 湖

6 □□□

문자

392 革のジャケットを押し入れにしまったままにしていたら、＿＿＿＿＿しまった。

1 さびて
2 しぼんで
3 かびて
4 もらして

6 □□□

어휘

393 このところ、机の前に＿＿＿＿＿っぱなしで運動不足だ。

1 向かう
2 向かわ
3 向かえ
4 向かい

6 □□□

문법

391 **3** 東京湾(とうきょうわん)で巨大魚(きょだいぎょ)が発見(はっけん)された。

도쿄만에서 거대한 물고기가 발견되었다.

문자

- 湾 **ワン**：湾(わん) 만・湾岸(わんがん) 만안
- 巨 **キョ**：巨大(きょだい)な 거대한
- 河 **かわ**：河(かわ) 하천 / 강・河川(かせん) 하천
- 岸 **ガン**：海岸(かいがん) 해안
- **きし**：岸(きし) 물가 / 벼랑 / 낭떠러지

392 **3** 革(かわ)のジャケットを押(お)し入(い)れにしまったままにしていたら、**かびて**しまった。

가죽 재킷을 벽장에 넣은 채로 두었더니 곰팡이가 피었다.

어휘

- **かびる** 곰팡이가 피다 (＝かびが生(は)える)
- **さびる** 녹이 슬다
- **しぼむ** 시들다
- **もらす** 새게 하다 / 누설하다

393 **4** このところ、机(つくえ)の前(まえ)に**向(む)かい**っぱなしで運動不足(うんどうぶそく)だ。

요즘 책상 앞에 앉아 있기만 해서 운동 부족이다.

문법

Vっぱなし　＊V~~ます~~っぱなし

◆電気(でんき)を**つけっぱなし**にしないで、きちんと消(け)してください。(＝つけたまま)

전기를 계속 켜놓지 말고 잘 꺼주십시오.

◆母(はは)は久(ひさ)しぶりに会(あ)ったものだから、**しゃべりっぱなし**だ。
(＝ずっとしゃべっている)

어머니는 오랜만에 만났기 때문에 계속 말을 했다.

문자

394 平和という考えには、国と国を分ける<u>こっきょう</u>はない。

1 国共
2 国境
3 国況
4 国橋

7 □□□

어휘

395 ＿＿＿＿＿に貼(は)り付けて熱を冷ますというシートがある。

1 あご
2 かかと
3 まゆげ
4 おでこ

7 □□□

문법

396 困ったときは、先生＿＿＿＿＿親＿＿＿＿＿に相談したほうがいい。

1 たり／たり
2 なり／なり
3 せよ／せよ
4 しろ／しろ

7 □□□

394 **2** 平和(へいわ)という考(かんが)えには、国(くに)と国(くに)を分(わ)ける**国境(こっきょう)**はない。

평화라는 생각에는 나라와 나라를 구분하는 국경은 없다.

문자

[平] **ヘイ**：平日(へいじつ) 평일・平和(へいわ) 평화・平方(へいほう) 평방　**ビョウ**：平等(びょうどう) 평등

ひら：平(ひら)たい 평평하다　**たい** (-ら)：平(たい)らな 평탄한

[境] **キョウ**：国境(こっきょう) 국경・環境(かんきょう) 환경

さかい：境(さかい) 경계　＊境内(けいだい) 경내

[共] **キョウ**：共通(きょうつう) 공통・共同(きょうどう) 공동・公共(こうきょう) 공공・共感(きょうかん)する 공감하다

共存(きょうぞん)する 공존하다

395 **4** **おでこ**に貼(は)り付(つ)けて熱(ねつ)を冷(さ)ますというシートがある。

이마에 붙여 열을 식힌다는 시트가 있다.

어휘

[おでこ] 이마（＝額(ひたい)）

[あご] 턱

[かかと] 발꿈치　＊つま先(さき) 발가락 끝

[眉毛] (まゆげ) 눈썹

＊眉(まゆ) 눈썹

396 **2** 困(こま)ったときは、先生(せんせい)**なり**親(おや)**なり**に相談(そうだん)したほうがいい。

곤란할 때는 선생님이든 부모님이든 상담하는 것이 좋다.

문법

[N₁なりN₂なり] [V₁るなりV₂るなり]　＊どちらでも、何(なん)でもいいから

N₁든 N₂든

◆**電話(でんわ)なり何(なん)なり**、連絡方法(れんらくほうほう)はいくらでもあるでしょう。

전화든 무엇이든 연락방법은 얼마든지 있을 것입니다.

◆**横(よこ)になるなりお茶(ちゃ)を飲(の)むなり**、とにかく少(すこ)し休(やす)みましょう。

눕든지 차를 마시든지 어쨌든 조금 쉽시다.

397 君たちのような将来有望な若者がいて、私たち町民は鼻が高い。町の宝だ。

1　みみ
2　くび
3　まゆ
4　はな

8 □□□

문자

398 傷口(きずぐち)が＿＿＿＿＿＿まで、少し時間がかかりますよ。

1　もどす
2　まとまる
3　ふさがる
4　はがす

8 □□□

어휘

399 彼女は＿＿＿＿＿＿なり私に文句(もんく)を言い始めた。

1　会い
2　会った
3　会う
4　会って

8 □□□

문법

397 **4** 君たちのような将来有望な若者がいて、私たち町民は**鼻**が高い。町の宝だ。

자네들과 같은 장래가 유망한 젊은이가 있어서 우리 마을 사람들은 자랑스럽다. 마을의 보배다.

문자

将	**ショウ**：将来 장래 · 将棋 장기
鼻	**ビ**：耳鼻科 이비과 / 이비인후과　**はな**：鼻 코 · 鼻血 코피
宝	**ホウ**：宝石 보석　**たから**：宝 보물 / 보배

398 **3** 傷口が**ふさがる**まで、少し時間がかかりますよ。

상처가 아물기까지 조금 시간이 걸립니다.

어휘

ふさがる	아물다　＊ふさぐ 막다
戻す	(もどす) 제자리에 돌려주다 ◆使ったはさみを元に**戻す** 사용한 가위를 제자리에 돌려놓다
まとまる	통합되다 / 정리되다　◆意見が**まとまる** 의견이 통일되다
はがす	떼다　◆切手を**はがす** 우표를 떼다

399 **3** 彼女は**会う**なり私に文句を言い始めた。

그녀는 만나자마자 내게 불만을 말하기 시작했다.

문법

Vるなり　V 하자마자 (＝Vるとすぐに／Vるが早いか) ＊V는 같은 동작 주체

◆酔った夫は玄関に**入るなり**、寝てしまった。술에 취한 남편은 현관에 들어오자마자 잠들어 버렸다.

◆犬は僕を**見るなり**しっぽを振って、飛びついてきた。강아지는 나를 보자마자 꼬리를 흔들며 달려들었다.

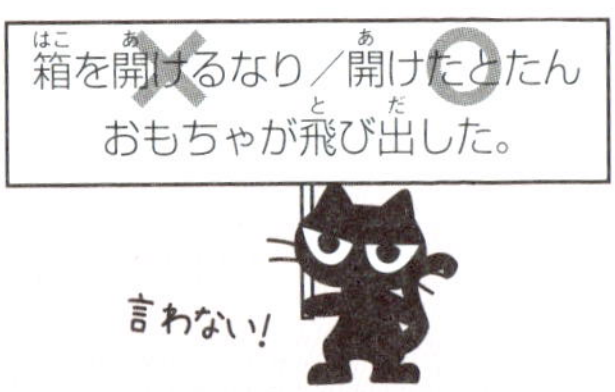

箱を開けるなり／開けたとたん
おもちゃが飛び出した。
言わない!

400 その政党の名前は長いので<u>りゃくして</u>呼んでいます。

1　略して
2　逆して
3　圧して
4　短して

문자

9 □□□

401 当施設(しせつ)＿＿＿＿のメールは、このアドレスをお使いいただきますよう、お願いいたします。

1　あて
2　いき
3　より
4　だし

어휘

9 □□□

402 休暇(きゅうか)を取って海外旅行ですか。うらやましい＿＿＿＿です。

1　わけ
2　あまり
3　一方
4　かぎり

문법

9 □□□

정답

문자

400 **1** その政党(せいとう)の名前(なまえ)は長(なが)いので**略(りゃく)して**呼(よ)んでいます。

그 정당의 이름은 길어서 줄여서 부르고 있습니다.

[党] **トウ**：政党(せいとう) 정당

[略] **リャク**：略(りゃく)す 줄이다・省略(しょうりゃく)する 생략하다

[逆] **ギャク**：逆(ぎゃく) 반대・逆転(ぎゃくてん)する 역전하다

さか：逆(さか)さ 거꾸로 됨・逆立(さかだ)ち 거꾸로 섬

さか (-らう)：逆(さか)らう 거스르다

어휘

401 **1** 当施設(とうしせつ)**宛(あ)て**のメールは、このアドレスをお使(つか)いいただきますよう、お願(ねが)いいたします。

당 시설 앞으로의 메일은 이 주소를 사용해 주시기를 부탁드립니다.

[**宛て**] (あて) ◆宛名(あてな) 받는 사람 (＝宛先(あてさき))

＊差出人(さしだしにん) 보내는 사람　＊受取人(うけとりにん) 수취인

＊受信者(じゅしんしゃ) 수신자　＊送信者(そうしんしゃ) 송신자

문법

402 **4** 休暇(きゅうか)を取(と)って海外旅行(かいがいりょこう)ですか。うらやましい**限(かぎ)り**です。

휴가를 받아 해외 여행입니까? 부러울 뿐입니다.

[**Aい限りだ**] [**Naな限りだ**] ~뿐이다 (＝非常(ひじょう)に~という気持(きも)ちだ)

＊감정을 나타내는 어휘에 붙는다

◆教(おし)え子(ご)が試験(しけん)に合格(ごうかく)して、**嬉(うれ)しい限(かぎ)りです**。

제자가 시험에 합격하여 기쁘기 그지없습니다.

◆お辞(や)めになるなんて、**残念(ざんねん)な限(かぎ)りです**。

그만두신다니 유감스럽기 짝이 없습니다.

문자

403 招待状ありがとう。喜んで伺います。服装についてお聞きしたいんですが…。

1　つつしんで
2　すすんで
3　よろこんで
4　ゆるこんで

10 □□□

어휘

404 この間買ったサングラスが、鼻の形に合わないのか、＿＿＿＿＿困る。

1　ゆがんで
2　ずれて
3　ねじれて
4　そろえて

10 □□□

문법

405 短い生涯(しょうがい)だったが、その詩人は命の＿＿＿＿＿生きた。

1　かぎり
2　たりとも
3　ごとく
4　いたるまで

10 □□□

403 **3** 招待状ありがとう。**喜んで**伺います。服装についてお聞きしたいんですが…。

초대장 감사합니다 . 기꺼이 찾아뵙겠습니다 . 복장에 대해 여쭙고 싶습니다만 ....

문자

| 状 | **ジョウ**：招待状 초대장・年賀状 연하장・状態 상태・状況 상황
| 喜 | **キ**：喜劇 희극 ⇔悲劇 비극
よろこ(-ぶ)：喜ぶ 즐거워하다 / 기뻐하다・喜び 기쁨
| 装 | **ソウ**：服装 복장・装置 장치・包装 포장　**ショウ**：衣装 의상

404 **2** この間買ったサングラスが、鼻の形に合わないのか、**ずれて**困る。

지난번에 산 선글라스가 코 모양에 맞지 않는지 벗겨져서 탈이다 .

어휘

ずれる	◆(物が) **ずれる** (물건이) 어긋나다 / 벗어나다 ◆予定が**ずれる** 예정이 어그러지다
ゆがむ	(물건이) 일그러지다
ねじれる	꼬이다
そろえる	가지런히 하다　◆靴を**そろえる** 신발을 가지런히 하다

405 **1** 短い生涯だったが、その詩人は命の**限り**生きた。

짧은 생애였지만 그 시인은 생명이 다할 때까지 살았다 .

문법

Nの限り　**Vる限り**　~ 할 때까지 ＊한도를 나타낸다

◆選手たちは、力**の限り**戦った。

선수들은 힘이 다할 때까지 싸웠다 .

◆でき**る限り**のことはした、と医者は言った。

할 수 있는 데까지는 했다고 의사는 말했다 .

406 教育を受ける権利は国民が国に対して持つ基本的人権の一つです。

1 かんり
2 けんり
3 こんり
4 きんり

11 □□□

문자

407 絶対に使わないものなら、________捨ててしまったほうがいいと思う。

1 いっそ
2 いまさら
3 いっこうに
4 いまだに

11 □□□

어휘

408 健康________こそ、仕事も勉強も運動もすることができるのだ。

1 であると
2 から
3 であって
4 なら

11 □□□

문법

406 **2** 教育を受ける**権利**は国民が国に対して持つ基本的人権の一つです。

교육받을 권리는 국민이 국가에 대하여 가지는 기본적 인권의 하나입니다.

문자

権 **ケン** : 権利 권리 · 人権 인권

基 **キ** : 基本 기본 · 基礎 기초 · 基準 기준 · 基地 기지 · 基金 기금

もと : 基に 바탕으로 · 基づく 의거하다

管 **カン** : 管理する 관리하다 · 血管 혈관

くだ : 管 관

407 **1** 絶対に使わないものなら、**いっそ**捨ててしまったほうがいいと思う。

절대로 사용하지 않는 것이라면 차라리 버려 버리는 것이 좋다고 생각한다.

어휘

いっそ		차라리
今更	(いまさら)	새삼스럽게
一向に~ない	(いっこうに~ない)	조금도 ~ 하지 않다
未だに	(いまだに)	지금에 와서도 / 아직

408 **3** 健康**であって**こそ、仕事も勉強も運動もすることができるのだ。

건강해야만 일도 공부도 운동도 할 수 있는 것이다.

문법

~てこそ ~ 하여 비로소 (= ~てはじめて)

◆ 親になっ**てこそ**、親の気持ちがわかるものだ。

부모가 돼서야 부모의 마음을 아는 법이다.

◆ 語学は実際に使っ**てこそ**意味がある。

어학은 실제로 사용해야만 의미가 있다.

409 この薬を<u>ひとつぶ</u>飲んだら腹痛が治まった。

1 一袋
2 一位
3 一粒
4 一服

12 □□□

문자

410 この家は築50年だが、少し手を＿＿＿＿まだまだ住める。

1 貸せば
2 抜けば
3 つければ
4 入れれば

12 □□□

어휘

411 東京に＿＿＿＿、ぜひお立ち寄りください。

1 お越しの上
2 お越しの際で
3 お越しの中を
4 お越しの折には

12 □□□

문법

문자

409 **3** この薬(くすり)を**一粒(ひとつぶ)**飲(の)んだら腹痛(ふくつう)が治(おさ)まった。

이 약을 한 알 먹었더니 복통이 나았다 .

| 粒 | **つぶ** : 粒(つぶ) 알 / 낱알 · 一粒(ひとつぶ)、二粒(ふたつぶ)… 한 알 , 두 알

| 腹 | **フク** : 空腹(くうふく) 공복 · 腹痛(ふくつう) 복통 · 山腹(さんぷく) 산복

はら : 腹(はら) 배 · 腹(はら)が立(た)つ 화가 나다

| 位 | **イ** : 位置(いち) 위치 · 地位(ちい) 지위 · 上位(じょうい) 상위 · 優位(ゆうい) 우위 · 一位(いちい)、二位(にい)… 1 위 , 2 위

くらい : 位(くらい) 지위 / 계급 / 정도

어휘

410 **4** この家(いえ)は築(ちく)50年(ねん)だが、少(すこ)し手(て)を**入(い)れれば**まだまだ住(す)める。

이 집은 건축한지 50 년이 됐지만 조금 손을 보면 아직 살 수 있다 .

手を入れる (てをいれる) 손을 보다

手を貸す (てをかす) 손을 빌려 주다

手を抜く (てをぬく) 일을 겉날리다 / 대충하다

手を付ける (てをつける) 착수하다 / 손을 대다

문법

411 **4** 東京(とうきょう)に**お越(こ)しの折(おり)には**、ぜひお立(た)ち寄(よ)りください。

OK お越(こ)しの際(さい)には

도쿄에 오실 때에는 꼭 들러주십시오 .

～の折に(は) ～할 때에는 (=～ときには) ＊딱딱한 표현

◆ **来日(らいにち)の折(おり)には**、ご連絡(れんらく)いただければお迎(むか)えにまいります。

일본에 오실 때에는 연락주시면 모시러 가겠습니다 .

◆ これは**何(なに)かの折(おり)に**役立(やくだ)つかもしれないので置(お)いておこう。

이것은 무슨 일이 있을 때에 도움이 될지 모르니까 놔 두자 .

412 評判を信じて買った商品が期待外れで、損をした。

1　いん
2　そん
3　けん
4　すん

문자

13 □□□

413 このところ、雨が降ったりやんだりと、________
天気が続いている。

1　おだやかな
2　うっとうしい
3　みっともない
4　そうぞうしい

어휘

13 □□□

414 A「このラーメン、おいしいね。」
B「うん、１時間も________ね。」

1　並んだかいがあった
2　並ぶまでしてよかった
3　並ばずにはいられなかった
4　並びぬいてよかった

문법

13 □□□

문자

412 **2** 評判(ひょうばん)を信(しん)じて買(か)った商品(しょうひん)が期待外(きたいはず)れで、**損**(そん)をした。

평판을 믿고 산 상품이 기대에 어긋나서 손해 봤다 .

評	**ヒョウ**：	評価(ひょうか) 평가・評判(ひょうばん) 평판・評論(ひょうろん) 평론
判	**ハン**：	判子(はんこ) 도장・判断(はんだん) 판단・判決(はんけつ) 판결・審判(しんぱん) 심판・判定(はんてい)する 판정하다 裁判(さいばん) 재판
	バン：	大判(おおばん) 대판・A4 判(ばん) A4 판
損	**ソン**：	損(そん) 손해・損害(そんがい) 손해・損得(そんとく) 손득

어휘

413 **2** このところ、雨(あめ)が降(ふ)ったりやんだりと、**うっとうしい**天気(てんき)が続(つづ)いている。

요즘 비가 내렸다가 그쳤다가 해서 찌무룩한 날씨가 이어지고 있다 .

うっとうしい	우울하다 / 갑갑하다 / 찌무룩하다
穏やかな	(おだやかな) 평온한
みっともない	보기 싫다
そうぞうしい	귀찮다

문법

414 **1** A「このラーメン、おいしいね。」

B「うん、1 時間(じかん)も**並(なら)んだかいがあった**ね。」

OK 並(なら)びがいがあった

A「이 라면 , 맛있네 .」B「응 , 한 시간이나 줄을 선 보람이 있었어 .」

～かいがある ～ 보람이 있다

◆努力(どりょく)**のかいがあって**、希望(きぼう)の大学(だいがく)に入(はい)れた。

노력한 보람이 있어 희망하는 대학에 들어갈 수 있었다 .

◆手術(しゅじゅつ)**のかいもなく**、父(ちち)は亡(な)くなってしまった。

수술한 보람도 없이 아버지는 돌아가시고 말았다 .

415 この植物は、あまり太陽に当てると<u>かれて</u>しまう。

1　固れて
2　過れて
3　塗れて
4　枯れて

문자

14 □□□

416 A「足、どうしたの？　骨折？」
B「いや、少し＿＿＿＿＿が入っただけなんだけど…。」

1　ひだ
2　ひび
3　びら
4　びり

어휘

14 □□□

417 あんなに不真面目だったのに、今の彼の働き＿＿＿＿＿にはだれもが驚いている。

1　がい
2　ぶり
3　らしさ
4　がち

문법

14 □□□

415 **4** この植物(しょくぶつ)は、あまり太陽(たいよう)に当(あ)てると**枯(か)れて**しまう。

이 식물은 너무 햇빛을 받으면 시들어 버린다 .

문자

[陽] **ヨウ** : 太陽(たいよう) 태양 · 陽気(ようき)な 쾌활한 ⇔ 陰気(いんき)な 침울한

[枯] **か** (-れる) : 枯(か)れる 마르다 / 시들다 : 枯(か)れ木(き) 마른 나무 · 枯(か)れ葉(は) 마른 잎

[塗] **ぬ** (-る) : 塗(ぬ)る 바르다 / 칠하다

416 **2** A「足(あし)、どうしたの？ 骨折(こっせつ)？」

B「いや、少(すこ)し**ひび**が入(はい)っただけなんだけど…。」

A「발 , 왜그래 ? 골절 ?」

B「아니 , 조금 금이 갔을 뿐인데 ...」

어휘

[ひび] 금 / 잔금

[ひだ] 주름 ◆スカートの**ひだ** 치마의 주름

[びら] 광고지 (＝チラシ)

[びり] 꼴찌 ◆**びり**になる 꼴찌가 되다

417 **2** あんなに不真面目(ふまじめ)だったのに、今(いま)の彼(かれ)の働(はたら)き**ぶり**には誰(だれ)もが驚(おどろ)いている。

저렇게 불성실했었는데 지금 그의 일하는 태도에는 누구나가 놀라고 있다 .

문법

[Nぶり] [Vぶり] [Vっぷり] ~ 하는 태도 (＝Nのようす / Vるようす)

◆**仕事(しごと)ぶり** 일 솜씨 ◆**話(はな)しぶり** 말 솜씨 ◆**飲(の)みっぷり** 술 솜씨 (술 실력)

◆すごい**食(た)べっぷり**ね。よほどおなかが空(す)いていたのね。

엄청 잘 먹네 . 어지간히 배가 고팠나보다 .

418 この化粧水２、３滴で、<u>荒れた</u>肌がすべすべになります。

1　はれた
2　あれた
3　かれた
4　たれた

15 □□□

문자

419 お皿を８枚まとめて買ったら、１枚分＿＿＿＿＿くれた。

1　まけて
2　よけて
3　さけて
4　いけて

15 □□□

어휘

420 ＿＿＿＿＿色々考えた結果、国に帰ることにしました。

1　私からすると
2　私のことだから
3　私なりに
4　私らしく

15 □□□

문법

418 **2** この化粧水2、3滴で、**<u>荒れた</u>**肌がすべすべになります。

이 화장수 2, 3 방울로 거칠어진 피부가 매끌매끌해집니다.

문자

[滴] **テキ**：水滴 수적 / 물방울 · 1滴、2滴… 한 방울, 두 방울 · 点滴 링거

しずく：滴 물방울

[荒] **コウ**：荒廃する 황폐해지다

あら (-い)：荒い 거칠다 · 荒波 거센 파도 · 荒々しい 몹시 거칠다

あ (-れる/-らす)：荒れる 거칠어지다 · 荒らす 휩쓸다

[肌] **はだ**：肌 살 / 피부 · 肌着 속옷

419 **1** お皿を8枚まとめて買ったら、1枚分**<u>まけて</u>**くれた。

접시를 8 장 한꺼번에 사니까 1 장분은 깎아 주었다.

어휘

[**(お金などを) まける**] (돈 등을) 깎아 주다 (＝値引きする)

＊おまけ 덤 / 경품 / 값을 깎음

◆ 病気に**負ける** 병에 지다

◆ 誘惑に**負ける** 유혹에 지다

420 **3** **<u>私なりに</u>**色々考えた結果、国に帰ることにしました。

저 나름대로 여러 가지 생각한 결과 고국에 돌아 가기로 했습니다.

문법

[**Nなり(に/の)**] [**～なら～なり(に/の)**] ~ 나름대로 (＝～の範囲で)

◆ <u>お金がない**なら**ない**なりの**</u>生活をしなければならない。

돈이 없으면 없는대로 생활을 하지 않으면 안된다.

◆ ホテルのレストランで<u>食事する**なら**、それ**なりの**</u>格好で行かないといけない。(＝それにふさわしい)

호텔 레스토랑에서 식사를 한다면 그 나름의 차림으로 가지 않으면 안된다.

421 この塔も、中の**仏像**も、９世紀に完成したものらしい。

1 ふつぞう
2 ぶっしょう
3 ぶつぞう
4 ほとけ

16 □□□

문자

422 いったん納入(のうにゅう)された________は返還(へんかん)しませんので、ご了承ください。

1 入学費
2 入学賃
3 入学金
4 入学料

16 □□□

어휘

423 あなたのことを________、きびしく注意しているんですよ。

1 思えばこそ
2 思ってさえ
3 思えばさえ
4 思うばかりで

16 □□□

문법

421 **3** この塔(とう)も、中(なか)の**仏像**(ぶつぞう)も、９世紀(せいき)に完成(かんせい)したものらしい。

이 탑도 안쪽의 불상도 9 세기에 완성된 것이라고 한다 .

문자

塔 **トウ** : 塔(とう) 탑

仏 **ブツ** : 仏像(ぶつぞう) 불상

ほとけ : 仏(ほとけ) 부처

像 **ゾウ** : 像(ぞう) 상 · 銅像(どうぞう) 동상 · 想像(そうぞう) 상상

紀 **キ** : 世紀(せいき) 세기

422 **3** いったん納入(のうにゅう)された**入学金**(にゅうがくきん)は返還(へんかん)しませんので、ご了承(りょうしょう)ください。

일단 납부된 입학금은 반환하지 않으므로 양해해 주시기 바랍니다 .

어휘

～金 (～きん) ◆奨学**金**(しょうがくきん) 장학금 ◆頭**金**(あたまきん) 계약금

～費 (～ひ) ◆学**費**(がくひ) 학비 ◆食**費**(しょくひ) 식비

～賃 (～ちん) ◆電車**賃**(でんしゃちん) 전철비

◆乗車**賃**(じょうしゃちん) 승차비

～料 (～りょう) ◆授業**料**(じゅぎょうりょう) 수업료

◆入場**料**(にゅうじょうりょう) 입장료

423 **1** あなたのことを**思えばこそ**(おも)、厳(きび)しく注意(ちゅうい)しているんですよ。

당신을 생각하기 때문에 엄하게 주의를 시키고 있는 겁니다 .

문법

～ばこそ ~ 때문에 (＝～からこそ) ＊강조를 나타낸다

◆君(きみ)ならできると思(おも)え**ばこそ**、何度(なんど)も練習(れんしゅう)させているのだ。

너라면 할 수 있다고 생각하기 때문에 몇번이나 연습시키고 있는 것이다 .

◆目標(もくひょう)が高(たか)けれ**ばこそ**、達成感(たっせいかん)も増(ま)す。

목표가 높아야만 달성감도 증가한다 .

424 日程表によれば、午前中は<u>こうぎ</u>、午後はゼミです。

1 講議
2 講義
3 構義
4 構議

문자

17 □□□

425 彼女は美人だが、＿＿＿＿＿のでが嫌われている。

1 くつろいでいる
2 うぬぼれている
3 にらんでいる
4 にくんでいる

어휘

17 □□□

426 そんなに高いお金をかけて修理する＿＿＿＿＿、新しいのに買い換えたほうがいい。

1 ようであれ
2 くらいなら
3 かというと
4 にしたら

문법

17 □□□

정답

424 **2** 日程表(にっていひょう)によれば、午前中(ごぜんちゅう)は**講義**(こうぎ)、午後(ごご)はゼミです。

일정표에 의하면 오전 중은 강의, 오후는 세미나입니다.

문자

[程] **テイ** : 程度(ていど) 정도 · 日程(にってい) 일정 · 過程(かてい) 과정 · 課程(かてい) 과정
ほど : 先程(さきほど) 아까 · 後程(のちほど) 나중에

[講] **コウ** : 講義(こうぎ) 강의 · 講堂(こうどう) 강당

[義] **ギ** : 義務(ぎむ) 의무 · 主義(しゅぎ) 주의 · 義理(ぎり) 의리 · 正義(せいぎ) 정의 · 定義(ていぎ) 정의

425 **2** 彼女(かのじょ)は美人(びじん)だが、**うぬぼれている**ので嫌(きら)われている。

그녀는 미인이지만 잘난 체하기 때문에 미움을 받고 있다.

어휘

うぬぼれる	자만하다
くつろぐ	유유자적하다 / 편안히 지내다
にらむ	노려보다
憎む	(にくむ) 미워하다

426 **2** そんなに高(たか)いお金(かね)をかけて修理(しゅうり)する**くらいなら**、新(あたら)しいのに買(か)い換(か)えたほうがいい。

그렇게 비싼 돈을 들여 수리할 정도라면 새로운 것으로 사서 바꾸는 것이 좋다.

문법

[**Vるくらいなら**] [**Vるぐらいなら**] V 할 정도라면

◆そんなことを**させられるくらいなら**、この会社(かいしゃ)を辞(や)めたい。

그런 일을 시키는 정도라면 이 회사를 그만두고 싶다.

◆そんなところに**行(い)くぐらいなら**、家(いえ)にいたほうがました。

그런 곳에 갈 정도라면 집에 있는게 낫겠다.

427 中央改札口は込み合いますから、その少し横のほうでお名前を書いた看板を持って立っています。

1 かんぱん
2 まないた
3 かんばん
4 なふだ

18 □□□

문자

428 電子レンジの普及(ふきゅう)によって、食生活に大きい変化が＿＿＿＿＿。

1 もたらされた
2 もよおされた
3 招かれた
4 生じられた

18 □□□

어휘

429 私たちが買えるのは、このマンション＿＿＿＿＿。

1 のようなものだ
2 ぐらいのものだ
3 だけのものだ
4 でもないものだ

문법

18 □□□

427 **3** 中央改札口は込み合いますから、その少し横のほうでお名前を書いた**看板**を持って立っています。

중앙 개찰구는 붐비므로 그 조금 옆 쪽에서 성함을 쓴 간판을 들고 서 있겠습니다.

문자

央 **オウ**：中央 중앙

札 **サツ**：千円札 천엔권・札束 돈다발・改札口 개찰구

ふだ：札 표・名札 명찰

横 **オウ**：横断する 횡단하다・横断歩道 횡단보도

よこ：横 옆・横切る 가로지르다

看 **カン**：看護師 간호사・看病する 간병하다・看板 간판

428 **1** 電子レンジの普及によって、食生活に大きい変化が**もたらされた**。

전자레인지의 보급에 의해 식생활에 큰 변화를 가져왔다.

어휘

もたらす 가져오다 / 초래하다

催す (もよおす) 개최하다

◆パーティーを**催す** 파티를 개최하다

招く (まねく) 초대하다

◆パーティーに**招く** 파티에 초대하다

生じる (しょうじる) 발생하다 (＝起こる)

429 **2** 私たちが買えるのは、このマンション**ぐらいのものだ**。

우리가 살 수 있는 것은 이 맨션 정도의 것이다.

문법

(～のは)Nぐらいのものだ (＝Nしかない)

◆この問題ができる**のは**、彼**ぐらいのものだろう**。

이 문제를 풀 수 있는 것은 그 뿐일 것이다.

◆息子から連絡がある**のは**、お金に困った時**ぐらいのものだ**。

아들로부터 연락이 오는 것은 돈이 궁할 때 정도의 일이다.

430 このグラフは、気温の上昇によりしつどが低下する過程を表したものです。

1 失度
2 湿度
3 室度
4 質度

19 □□□

문자

431 最近の若者は、ズボンの________が床についていても気にしないようだ。

1 すそ
2 ずれ
3 たけ
4 ひざ

19 □□□

어휘

432 彼の作品は面白い________変わっている________、とても目立っていた。

1 というか／というか
2 というより／というより
3 といわず／といわず
4 といい／といい

19 □□□

문법

430 **2** このグラフは、気温の上昇により**湿度**が低下する過程を表したものです。

이 그래프는 기온 상승에 의해 습도가 저하하는 과정을 나타낸 것입니다 .

문자

昇	**ショウ**：昇進する 승진하다・上昇する 상승하다
	のぼ (-る)：昇る 올라가다
湿	**シツ**：湿度 습도・湿気 습기　**しめ (-る)**：湿る 축축해지다
仮	**カ**：仮定 가정・仮説 가설　**かり**：仮に 만일 / 만약　＊仮名 가나

431 **1** 最近の若者は、ズボンの**すそ**が床についていても気にしないようだ。

최근의 젊은이는 바짓단이 바닥에 닿아도 신경을 쓰지 않는 것 같다 .

어휘

すそ	(바지 등의) 단
ずれ	어긋나다　◆時間の**ずれ** 시간의 엇갈림
丈	(たけ) 길이

432 **1** 彼の作品は面白い**というか**変わっている**というか**、とても目立っていた。

그의 작품은 재미있다고 할까 색다르다고 할까 아주 눈에 띄었다 .

문법

aというか bというか　(＝ a とも言える、b とも言えるがとにかく)

◆彼は人がいい**というか**ぼうっとしている**というか**、だまされることが多い。

그는 사람이 좋다고 할까 멍하다고 할까 속는 일이 많다 .

N1といい N2といい　(＝N 1 もN 2 も)

◆色**といい**形**といい**、素敵なバッグですね。

색도 모양도 좋은 멋진 가방이네요 .

433 率直に言って、君はもっと人の意見を尊重し、柔軟に受け入れるべきだ。

1 そんけい
2 そんじゅう
3 そんちゅう
4 そんちょう

20 □□□

434 食器に洗剤(せんざい)が残らないように、ちゃんと＿＿＿＿＿ください。

1 そそいで
2 もらして
3 すくって
4 すすいで

20 □□□

435 その話が＿＿＿＿＿、彼が会社をクビになるのは当然だ。

1 事実だけあって
2 事実だとすれば
3 事実どおりに
4 事実のままに

20 □□□

433 **4** 率直に言って、君はもっと人の意見を**尊重**し、柔軟に受け入れるべきだ。

솔직하게 말해서 넌 남의 의견을 더 존중하고 융통성 있게 받아들여야 한다.

문자

率 **ソツ** : 率直な 솔직한 · 軽率な 경솔한 · 統率する 통솔하다
リツ : 率 비율 · 確率 확률 · 能率 능률 · 効率 효율 · 比率 비율
ひき (-いる) : 率いる 통솔하다 / 이끌다

尊 **ソン** : 尊敬する 존경하다 · 尊重する 존중하다 · 自尊心 자존심
とうと (-い / -ぶ) : 尊い 소중하다 · 尊ぶ 공경하다

柔 **ジュウ** : 柔道 유도 · 柔軟な 유연한 **やわ** (-らかい) : 柔らかい 부드럽다

434 **4** 食器に洗剤が残らないように、ちゃんと**すすいで**ください。

식기에 세제가 남지 않도록 제대로 헹구어 주십시오.

어휘

すすぐ 헹구다
注ぐ (そそぐ) (물 등을) 붓다 / 따르다
漏らす (もらす) 누설하다
すくう ◆水を**すくう** 물을 뜨다
＊人の命を救う 사람의 생명을 구하다

435 **2** その話が**事実だとすれば**、彼が会社をクビになるのは当然だ。

그 이야기가 사실이라면 그가 회사를 해고당하는 것은 당연하다.

문법

~とすれば **~とすると** (=~としたら)

◆車で行く**とすれば**、高速代がかなりかかるだろう。
차로 간다면 고속도로비가 꽤 나올 것이다.

◆このままその問題が解決されない**とすると**、日本の将来は大変なことになるでしょう。
이대로 그 문제가 해결되지 않는다면 일본의 장래는 큰 일이 날 것입니다.

436 舞台で踊るなんて、恥ずかしくてできない。

1 ぶたい
2 ぶだい
3 むたい
4 むだい

문자

21 □□□

437 一度恥を________、同じ失敗はしなくなるだろう。

1 つけば
2 かけば
3 すれば
4 とれば

어휘

21 □□□

438 A「あと 30 分しかない。タクシーで行く？」
B「いやあ、タクシーで行っても、とても
________よ。」

1 間に合いかねる
2 間に合いがたい
3 間に合うわけもない
4 間に合いそうもない

문법

21 □□□

정답

문자

436 1 **舞台**(ぶたい)で踊(おど)るなんて、恥(は)ずかしくてできない。

무대에서 춤을 추다니 부끄러워서 못한다 .

舞 **ブ** : **舞台**(ぶたい) 무대

ま (-う) : **舞う**(ま) 춤추다 · **振る舞う**(ふ ま) 행동하다 · **見舞う**(み ま) 문안하다 · **見舞い**(み ま) 문병

踊 **おど** (-る) : **踊る**(おど) 춤추다 · **踊り**(おど) 무용

恥 **は** (-ずかしい / -じる) : **恥ずかしい**(は) 부끄럽다 · **恥じる**(は) 부끄러워하다

恥じらう(は) 수줍어하다

はじ : **恥**(はじ) 부끄러움

어휘

437 2 一度恥(いちど はじ)を**かけば**、同(おな)じ失敗(しっぱい)はしなくなるだろう。

한번 창피를 당하면 같은 실패는 하지 않을 것이다 .

恥をかく (はじをかく) 창피를 당하다

＊**恥じる**(は) 창피해 하다

＊**恥じらう**(は) 수줍어하다

문법

438 4 A「あと 30 分(ぷん)しかない。タクシーで行(い)く？」

B「いやあ、タクシーで行(い)っても、とても**間に合いそうもない**(ま あ)よ。」

A「앞으로 30 분 밖에 없네 . 택시로 갈까 ?」

B「아니 , 택시로 가도 도저히 시간에 댈 수 있을 것 같지도 않아 .」

Vそうもない **Vそうにない** **Vそうにもない** (＝V할 가능성이 낮다)

◆雨(あめ)は当分(とうぶん)やみ**そうもない**。

비는 당분간 그칠 것 같지 않다 .

◆この仕事(しごと)、明日(あした)までに終(お)わり**そうにない**。

이 일 내일까지 끝날 것 같지 않다 .

439 ふたごのどちらが兄または姉かは、生まれた順によって決められるのでしょうか。

1 二子
2 両子
3 双子
4 富子

22 □□□

문자

440 古い車を＿＿＿＿＿に出して、新しい車を買った。

1 下取り
2 値引き
3 立て替え
4 値打ち

22 □□□

어휘

441 書類はメールに添付して送れるので、たいていの資料は郵送＿＿＿＿＿、助かっている。

1 せずに済み
2 せざるを得なく
3 すべきではなく
4 するにすぎず

22 □□□

문법

439 **3** **双子(ふたご)**のどちらが兄(あに)または姉(あね)かは、生(う)まれた順(じゅん)によって決(き)められるのでしょうか。

쌍둥이의 어느 쪽이 오빠 또는 누나인지는 태어난 순서에 따라 결정할 수 있을까요?

문자

| 双 | **ふた**：双子(ふたご) 쌍둥이

| 順 | **ジュン**：順(じゅん) 순서・順番(じゅんばん) 순번・順序(じゅんじょ) 순서・手順(てじゅん) 수순・順調(じゅんちょう)な 순조로운

| 富 | **フ**：富士山(ふじさん) 후지산・豊富(ほうふ)な 풍부한

と(-む)：富(と)む 많다 / 풍부하다　**とみ**：富(とみ) 부 / 재산

440 **1** 古(ふる)い車(くるま)を**下取(したど)り**に出(だ)して、新(あたら)しい車(くるま)を買(か)った。

헌 차를 보상 판매 받고 새 차를 샀다.

어휘

下取り (したどり) 보상 판매 (보상 교환 판매)

値引き (ねびき) 할인

立て替え (たてかえ) 대금을 대신 치름 / 대체

値打ち (ねうち) 값어치

441 **1** 書類(しょるい)はメールに添付(てんぷ)して送(おく)れるので、たいていの資料(しりょう)は郵送(ゆうそう)**せずに済(す)み**、助(たす)かっている。

서류는 이메일에 첨부하여 보낼 수 있으므로 대부분의 자료는 우송하지 않아도 되기에 편하다.

문법

Vずに済む **Vないで済む** **Vなくて済む** V 없이 해결되다

◆ 入院(にゅういん)せ**ずに済(す)む**方法(ほうほう)があるなら教(おし)えてください。

입원없이 해결되는 방법이 있다면 알려주십시오.

◆ 家(いえ)のすぐそばに図書館(としょかん)ができたので、最近(さいきん)は本(ほん)を買(か)わ**ないで済(す)んでいる**。

집 바로 옆에 도서관이 생겨서 최근에는 책을 사지 않아도 된다.

442 彼の漫画は、<u>鋭い</u>政治批評で読者の共感を呼んだ。

1 にぶい
2 するどい
3 ひどい
4 みにくい

문자

23 □□□

443 仕事が私の＿＿＿＿＿です。

1 なっとく
2 あこがれ
3 やりがい
4 生きがい

어휘

23 □□□

444 頭痛がひどい。薬も効かない。何とか＿＿＿＿＿。

1 ならないことだろうか
2 ならないものだろうか
3 なりそうもないか
4 なりようもないか

문법

23 □□□

442 **2** 彼の漫画は、**鋭い**政治批評で読者の共感を呼んだ。
그의 만화는 예리한 정치 비평으로 독자의 공감을 불러일으켰다 .

문자

画	**ガ** : 映画 영화 · 漫画 만화 · 動画 동영상 · 画家 화가
	カク : 計画 계획 · 企画 기획
鋭	**するど** (-い) : 鋭い 날카롭다 ⇔ 鈍い 무디다 / 둔하다
批	**ヒ** : 批判 비판 · 批評 비평

443 **4** 仕事が私の**生きがい**です。
일이 나의 보람입니다 .

어휘

生きがい	(いきがい)	보람
納得	(なっとく)	◆ **納得**がいく 이해가 되다 ⇔納得がいかない 이해가 되지 않다
あこがれ	동경	＊あこがれる 동경하다
やりがい	보람	

444 **2** 頭痛がひどい。薬も効かない。何とか**ならないものだろうか**。
두통이 심하다 . 약도 듣지 않는다 . 어떻게 좀 안될까 .

문법

Vないもの(だろう)か (＝どうにか～したい)

◆戦争のない世界を作れ**ないものだろうか**。
전쟁없는 세상을 만들 수는 없는 것일까 ?

◆この時計、どうにか直せ**ないものか**。
이 시계 어떻게 고칠 수 없을까 ?

445 その博士はすばらしい頭脳を持っているが、人の気持ちに関してはどんかんだ。

1 銅感
2 憎感
3 鋭感
4 鈍感

24 □□□

문자

446 人を________ばかりいないで、たまには良いところをほめたらどう？

1 思いやって
2 なぐさめて
3 けなして
4 あきれて

24 □□□

어휘

447 災害が起こった時に、水の確保が一番の問題________。

1 であるべきだ
2 だとされている
3 であるしだいだ
4 でありかねる

24 □□□

문법

445 **4** その博士はすばらしい頭脳を持っているが、人の気持ちに関しては**鈍感**だ。

그 박사는 대단한 두뇌를 가지고 있지만 사람의 기분에 관해서는 둔감하다 .

문자

脳 **ノウ** : 脳 뇌 · 頭脳 두뇌 · 首脳 수뇌

銅 **ドウ** : 銅 동

憎 **ゾウ** : 憎悪 증오

にく (-い /- しみ /- らしい /- む) : 憎い 밉다 · 憎しみ 미움 · 憎らしい 얄밉다 · 憎む 미워하다

鈍 **ドン** : 鈍感な 둔감한 ⇔敏感な 민감한

にぶ (-い /- る) : 鈍い 둔하다 · 鈍る 둔해지다 / 무디어지다

446 **3** 人を**けなして**ばかりいないで、たまには良いところをほめたらどう？

남을 헐뜯기만 하지 말고 가끔은 좋은 점을 칭찬하면 어때 ?

어휘

けなす 헐뜯다

思いやる (おもいやる) 배려하다 ＊思いやり 배려

慰める (なぐさめる) 위로하다

あきれる 황당하다 / 질리다

447 **2** 災害が起こった時に、水の確保が一番の問題**だとされている**。

재해가 발생했을 때 물의 확보가 가장 큰 문제라고 한다 .

문법

～とされる (＝～と言われる)

◆目上の人に対して「あなた」というのは、失礼だ**とされている**。

윗사람에게「당신」이라는 건 실례라고 여겨지고 있다 .

◆世の中に本当に必要**とされる**製品を作りたい。

세상에 정말 필요한 제품을 만들고 싶다 .

448 単純な手続きミスで志望校を受験する機会を逃すなんて、<u>賢い</u>人のやることだろうか。

1 あやうい
2 おさない
3 かしこい
4 しつこい

25 □□□

문자

449 サッカー選手が＿＿＿＿＿並んでいる。

1 ちらっと
2 ずらっと
3 一段と
4 ぐっと

25 □□□

어휘

450 この歌を聴くと、亡くなった母のことが＿＿＿＿＿。

1 思い出される
2 思い出す限りだ
3 思い出すものだ
4 思い出すまいか

25 □□□

문법

정답

448 **3** 単純な手続きミスで志望校を受験する機会を逃すなんて、**賢い**人のやることだろうか。

간단한 수속 실수로 지망 학교에 응시할 기회를 놓치다니 현명한 사람이 할 일인가?

문자

純	**ジュン**：単純な 단순한・純情な 순정한・清純な 청순한・純粋な 순수한
志	**シ**：意志 의지・志望する 지망하다・同志 동지
	こころざし：志 뜻　**こころざ(-す)**：志す 뜻하다 / 뜻을 두다
賢	**ケン**：賢明な 현명한　**かしこ(-い)**：賢い 현명하다 / 영리하다

449 **2** サッカー選手が**ずらっと**並んでいる。

축구 선수가 쭉 늘어서 있다.

어휘

ずらっと	**ずらりと**	〈많이 늘어서 있는 모습〉
ちらっと	**ちらりと**	◆**ちらっと**見る 힐끔 보다
一段と	(いちだんと)	◆**一段と**寒くなる 한결 추워 지다
ぐっと		훨씬

450 **1** この歌を聴くと、亡くなった母のことが**思い出される**。

이 노래를 들으면 돌아가신 어머니가 생각난다.

문법

Vられる　＊자발적인 수신형

◆その症状から考え**られる**病気に何があるでしょうか。

그 증상으로부터 생각할 수 있는 질병에 무엇이 있을까요?

◆その製品の実用化が待**たれます**。

그 제품의 실용화가 기다려집니다.

451 母は居間で毛糸の帽子を<u>編んで</u>います。

1　くんで
2　もんで
3　あんで
4　へんで

문자

26 □□□

452 父が亡くなったとき、財産の相続で兄弟と

＿＿＿＿＿。

1　あせった
2　ひねった
3　もめた
4　こもった

어휘

26 □□□

453 どこの地域もゴミの分別に＿＿＿＿＿ようだ。

1　悩まれている
2　悩まされている
3　悩みにほかならない
4　悩むよりほかない

문법

26 □□□

451 **3** 母(はは)は居間(いま)で毛糸(けいと)の帽子(ぼうし)を**編(あ)んで**います。

어머니는 거실에서 털실 모자를 뜨고 있습니다.

문자

居 **キョ** : 住居(じゅうきょ) 주거・転居(てんきょ)する 전거하다・同居(どうきょ)する 동거하다

い (-る) : 居眠(いねむ)り 졸음・居間(いま) 거실

帽 **ボウ** : 帽子(ぼうし) 모자

編 **ヘン** : 編集(へんしゅう) 편집・長編(ちょうへん) 장편 ⇔ 短編(たんぺん) 단편

あ (-む) : 編(あ)む 엮다 / 짜다 / 편찬하다・編(あ)み物(もの) 뜨개질

452 **3** 父(ちち)が亡(な)くなったとき、財産(ざいさん)の相続(そうぞく)で兄弟(きょうだい)と**もめた**。

아버지가 돌아가셨을 때 재산상속으로 형제와 분규가 있었다.

어휘

もめる 옥신각신하다 / 분규하다

焦る (あせる) 초조해하다

ひねる ◆ガス栓(せん)を**ひねる** 가스벨브를 비틀다 (잠그다)

こもる ◆家(いえ)に**こもる** 집에 틀어 박히다

453 **2** どこの地域(ちいき)もゴミの分別(ぶんべつ)に**悩(なや)まされている**ようだ。

어떤 지역도 쓰레기 분리에 고민을 안고 있는 것 같다.

문법

Vさせられる ＊자발적인 사역 수신형

◆それが本当(ほんとう)に必要(ひつよう)なことなのか、**考(かんが)えさせられます**。

그것이 정말로 필요한 것인지 생각해보게 됩니다.

◆彼女(かのじょ)の行(おこな)いには**感心(かんしん)させられます**。

그녀의 행동에는 감탄하게 됩니다.

454 店の拡張工事で、地面を掘ったら、ぐうぜん、温泉が出てきたそうです。

1 天然
2 偶然
3 当然
4 必然

27 □□□

455 上司に怒鳴られる毎日に＿＿＿＿＿＿だ。会社を辞めたい。

1 ぎっしり
2 たっぷり
3 うんざり
4 じっくり

27 □□□

456 頭が痛かったので薬を飲んだ。＿＿＿＿＿＿、すぐに痛みがなくなった。

1 すなわち
2 すると
3 ところで
4 というと

27 □□□

454 **2** 店の拡張工事で、地面を掘ったら、**偶然**、温泉が出てきたそうです。

점포 확장 공사로 지면을 팠더니 우연히 온천이 나왔다고 합니다.

문자

- 拡 **カク**：拡大する 확대하다・拡張する 확장하다
- 掘 **クツ**：発掘する 발굴하다・採掘する 채굴하다
  - **ほ (-る)**：掘る 파다 / 구멍을 뚫다
- 偶 **グウ**：偶然 우연・偶数 짝수・配偶者 배우자
- 然 **ゼン**：自然 자연・当然 당연・必然 필연・偶然 우연
  - **ネン**：天然 천연

455 **3** 上司に怒鳴られる毎日に**うんざり**だ。会社を辞めたい。

상사에게 혼나는 매일이 지긋지긋하다. 회사를 그만 두고 싶다.

어휘

- **うんざり** 지긋지긋하다
- **ぎっしり** 가득
  - ◆予定が**ぎっしり**詰まっている。 예정이 가득 차 있다.
- **たっぷり** 많이 / 듬뿍
  - ◆時間が**たっぷり**ある。 시간이 많이 있다.
- **じっくり** 차분히 ◆**じっくり**考える 차분히 생각하다

456 **2** 頭が痛かったので薬を飲んだ。**すると**、すぐに痛みがなくなった。

머리가 아팠기 때문에 약을 먹었다. 그러자 곧 통증이 없어졌다.

문법

- **すると** 그랬더니 / 그러자
- **すなわち** 즉
- **ところで** 그런데
- **というと** ~라고하면

457 内臓が悪いと<u>皮膚</u>に異常が現れるが、同様に、赤ん坊にマッサージをすると内臓の働きがよくなる。

1 はだ
2 ひだ
3 はふ
4 ひふ

28 □□□

문자

458 事務職は、パソコンができないと＿＿＿＿＿。

1 話にならない
2 話がわからない
3 話がつかない
4 話にのらない

28 □□□

어휘

459 クラスの大半は中国出身です。＿＿＿＿＿私は、台湾からきました。

1 ちなみに
2 それが
3 したがって
4 ようするに

28 □□□

문법

정답

457 **4** 内臓が悪いと**皮膚**に異常が現れるが、同様に、赤ん坊にマッサージをすると内臓の働きがよくなる。

내장이 나쁘면 피부에 이상이 나타나는데 마찬가지로 아기에게 마사지를 해주면 내장의 기능이 좋아진다.

문자

臓	**ゾウ** : 心臓 심장 · 内臓 내장 · 臓器 장기
膚	**フ** : 皮膚 피부
坊	**ボウ** : 寝坊する 늦잠자다 · (お) 坊さん 스님 · 赤ん坊 갓난아기 · 坊や 아가
	ボッ : 坊ちゃん 도련님

458 **1** 事務職は、パソコンができないと**話にならない**。

사무직은 컴퓨터를 못하면 말도 안된다.

어휘

話にならない	(はなしにならない) 말도 안되다
話がわかる	(はなしがかわる) 말이 통하다
話がつく	(はなしがつく) 결말이 나다
話に乗る	선동되다 / 동조하다

459 **1** クラスの大半は中国出身です。**ちなみに**私は、台湾からきました。

OK なお

클래스 대부분은 중국 출신입니다. 덧붙여서 나는 대만에서 왔습니다.

문법

ちなみに	덧붙여서 (말하면)
それが	그것이
従って	(したがって) 따라서
要するに	(ようするに) 요컨대

460 伯父の家には犬が5ひきいます。

1 匹
2 頭
3 足
4 羽

29 □□□

461 お忙しいところ、お＿＿＿＿をおかけして申し訳(わけ)ありませんでした。

1 手当て
2 手入れ
3 手数
4 手配

29 □□□

462 来月、ニューヨークに出張するんだってね。＿＿＿＿お願いがあるんだけど…。買ってきてほしいものがあるんだ。

1 そういえば
2 それはそうと
3 そこで
4 もっとも

29 □□□

정답

문자

460 **1** 伯父(おじ)の家(いえ)には犬(いぬ)が5**匹(ひき)**います。

큰아버지의 집에는 개가 5 마리 있습니다.

伯	＊伯父(おじ) 백부 / 큰아버지 · 伯母(おば) 백모 / 고모
叔	＊叔父(おじ) 숙부 / 삼촌 · 叔母(おば) 숙모 / 고모
匹	**ヒキ**：1匹(ぴき)、2匹(ひき)、3匹(びき)… 1 마리 , 2 마리 , 3 마리 匹敵(ひってき)する 필적하다

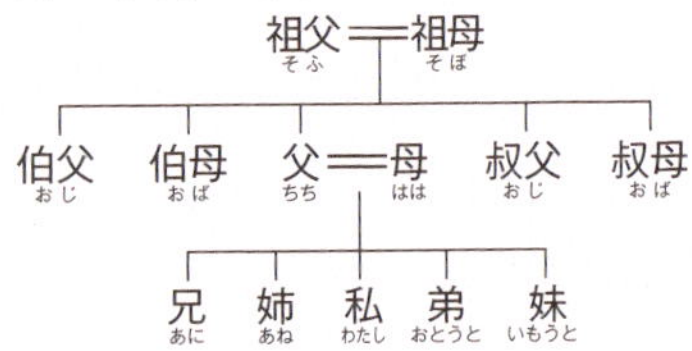

어휘

461 **3** お忙(いそが)しいところ、お**手数(てすう)**をおかけして申(もう)し訳(わけ)ありませんでした。

OK 手間(てま)

바쁘신데 수고스럽게 해서 미안합니다.

手数	(てすう)	수고
手当て	(てあて)	수당
手入れ	(ていれ)	손질
手配	(てはい)	수배

문법

462 **3** 来月(らいげつ)、ニューヨークに出張(しゅっちょう)するんだってね。**そこで**お願(ねが)いがあるんだけど…。買(か)ってきてほしいものがあるんだ。 **OK** それで

다음달 뉴욕에 출장 간다면서. 그래서 부탁이 있는데…. 사다 줬으면 싶은 것이 있어.

そこで		그래서
そういえば		그러고 보니
それはそうと		그건 그렇다 치고
最も	(もっとも)	가장

463 検査項目はすべて平均的な数値(すうち)で、健康状態は良好です。

1　りょうこう
2　りゅうこう
3　りょこう
4　りゅこう

30 □□□

문자

464 新しく省エネシステムを＿＿＿＿＿＿ことにより、光熱費が大幅に削減(さくげん)できた。

1　取り組んだ
2　取り入れた
3　取り込んだ
4　取り上げた

30 □□□

어휘

465 来週の日曜日に避難(ひなん)訓練を行います。＿＿＿＿＿＿、雨天の場合は中止です。

1　しかも
2　ただし
3　さて
4　それどころか

30 □□□

문법

정답

문자

463 **1** 検査項目(けんさこうもく)はすべて平均的(へいきんてき)な数値(すうち)で、健康状態(けんこうじょうたい)は**良好**(りょうこう)です。

검사항목은 모두 평균적인 수치이며 건강 상태는 양호합니다.

項	**コウ**	: 項目(こうもく) 항목 · 事項(じこう) 사항
均	**キン**	: 平均(へいきん) 평균 · 均衡(きんこう) 균형
良	**リョウ**	: 良心(りょうしん) 양심 · 良質(りょうしつ) 양질 · 改良(かいりょう) 개량 · 良好(りょうこう)な 양호한 善良(ぜんりょう)な 선량한
	よ (-い)	: 良(よ)い 좋은 · 仲良(なかよ)し 좋은 사이

어휘

464 **2** 新(あたら)しく省(しょう)エネシステムを**取(と)り入(い)れた**ことにより、光熱費(こうねつひ)が大幅(おおはば)に削減(さくげん)できた。

새롭게 에너지절약 시스템을 도입함에 따라 광열비가 대폭 삭감되었다.

- **取り入れる** (とりいれる) 거두다 / 도입하다
- **取り組む** (とりくむ) 몰두하다
- **取り込む** (とりこむ) 골라넣다
- **取り上げる** (とりあげる) (의견을) 채택하다

문법

465 **2** 来週(らいしゅう)の日曜日(にちようび)に避難訓練(ひなんくんれん)を行(おこな)います。**ただし**、雨天(うてん)の場合(ばあい)は中止(ちゅうし)です。

다음 주 일요일에 피난 훈련을 실시합니다. 단, 우천의 경우는 중지합니다.

- **ただし** 단지
- **しかも** 게다가 (=おまけに)
- **さて** 그런데
- **それどころか** 그렇기는 커녕 오히려 / 그뿐인가

466 男も女も<u>平等</u>に働く権利がある。→ 394

1 へいとう　　2 びょうどう

1□□□

467 私は運動神経が<u>にぶい</u>。→ 445

1 鋭い　　2 鈍い

2□□□

문자

468 必ず行くと言ったよね。＿＿＿＿＿行けないと言われても困るよ。→ 407

1 いまだに　　2 いまさら

1□□□

469 若いころ、長い＿＿＿＿＿を過ごしたイタリアに、また行ってみたい。→ 377

1 年月　　2 年代

2□□□

어휘

470 母は僕の顔を＿＿＿＿＿、泣き始めた。→ 399

1 見るなり　　2 見たなり

1□□□

471 宝くじは、＿＿＿＿＿かぎり当たらない。→ 405

1 買う　　2 買わない

2□□□

문법

문제

문자

472 この機器は、平らなところに置いて操作してください。 → 394

1　たいらな　　2　へいらな

3 □□□

473 「ペンキぬりたて」 → 415

1　塗りたて　　2　壁りたて

4 □□□

어휘

474 このごろ仕事がすごく忙しくて、家事の＿＿＿＿ばかりいる。 → 410

1　手を抜いて　　2　手がなくて

3 □□□

475 昨日のゴルフの試合は調子が悪くて、＿＿＿＿から２番目の成績だった。 → 416

1　びら　　2　びり

4 □□□

문법

476 その計画は、どうも成功＿＿＿＿。 → 438

1　しそうもない　　2　しようもない

3 □□□

477 前回の優勝者が勝つ＿＿＿＿、負けてしまった。 → 387

1　と思いきや　　2　と思わされて

4 □□□

앞 페이지 정답　466 2　467 2　468 2　469 1　470 1　471 2

478 この旅館は県と県の境にある。→ 394

1 ななめ　　2 さかい

5 □□□

479 雨の降るかくりつは20%です。→ 433

1 確立　　2 確率

6 □□□

문자

480 環境問題に＿＿＿＿企業が増えてきた。→ 464

1 取り戻す　　2 取り組む

5 □□□

481 カメラを買いに行ったが、財布を忘れたので一緒に行った友達に＿＿＿＿もらった。→ 440

1 立て替えて　　2 下取りして

6 □□□

어휘

482 電話＿＿＿＿メール＿＿＿＿で連絡してください。→ 396

1 にせよ / にせよ　　2 なり / なり

5 □□□

483 彼女のスピーチにはだれもが感心＿＿＿＿。→ 453

1 されていた　　2 させられた

6 □□□

문법

484 ぼくは父を尊敬している。→ 433

1　そんけい　　2　けんそん

문자

7 □□□

485 マラソンでいちいになった。→ 409

1　一位　　2　一等

8 □□□

486 インフルエンザにかかり、1週間家に＿＿＿＿。→ 452

1　こりていた　　2　こもっていた

어휘

7 □□□

487 ＿＿＿＿聞いたところによると、田中先生は学校を辞めるらしいですよ。→ 386

1　ちらっと　　2　ぼうっと

8 □□□

488 できないならできない＿＿＿＿かまわないから、とりあえずやってみよう。→ 420

1　なりで　　2　ばかりで

문법

7 □□□

489 すぐに治ったから、病院に＿＿＿＿よかったよ。→ 441

1　行ったかいがなくて　2　行かずに済んで

8 □□□

앞 페이지 정답 478 2 479 2 480 2 481 1 482 2 483 2

문자

490 舞台<u>衣装</u>を着る。→ 403

1 いしょう　　2 いそう

9 □□□

491 今日は<u>しつど</u>が高い。→ 430

1 温度　　2 湿度

10 □□□

어휘

492 せっかく心をこめて作った料理を＿＿＿＿＿、気分が悪い。→ 446

1 けなされて　　2 ごまかされて

9 □□□

493 田中さんは、どんな問題も解決してくれる＿＿＿＿＿先輩(せんぱい)です。→ 383

1 そうぞうしい　　2 たのもしい

10 □□□

문법

494 A「試験、どうだった？」
B「＿＿＿＿＿、受けられなかったんです。」→ 459

1 もっとも　　2 それが

9 □□□

495 昨日のスポーツ大会は寒かった。＿＿＿＿＿途中から雨が降ってきて大変だった。→ 465

1 しかも　　2 ちなみに

10 □□□

문자

496 胃に<u>管</u>を通す。→ 406

1 ふだ　　2 くだ

11 □□□

497 <u>へいきん</u>年齢は何歳ですか → 463

1 平約　　2 平均

12 □□□

어휘

498 この会は、２ヶ月に１度の割合で＿＿＿＿います。→ 428

1 もよおされて　　2 まかされて

11 □□□

499 やけどをした患者（かんじゃ）の＿＿＿＿を先にしましょう。→ 461

1 手入れ　　2 手当て

12 □□□

문법

500 話し合いでは解決しなかった。＿＿＿＿時間のむだだったということだ。→ 455

1 もっとも　　2 ようするに

11 □□□

□□□

앞 페이지 정답　490 1　491 2　492 1　493 2　494 2　495 1

자 료

한자 목록

품사별 어휘 목록

문형 · 문법 항목 목록

한자 목록

◆ 「정답」 페이지의 □에 소개된 한자를 총획수 별로 나타내고 있습니다 .

◆ 숫자는 문제 번호입니다 .

품사별 어휘 목록

- 「정답」 페이지에 소개된 어휘를 품사별로 나타내고 있습니다 .
- 숫자는 문제 번호입니다 .

동사

イ형용사

ナ형용사

부사

명사

어휘

관용표현

体(からだ)がもたない 59
気(き)が利(き)かない 127
気(き)がしない 127
気(き)が進(すす)まない 127
気(き)に障(さわ)る 181
気(き)を落(お)とす 181
気(き)を悪(わる)くする 181
高(たか)くつく 44
力(ちから)を入(い)れる 11
力(ちから)を込(こ)める 11
手(て)が空(あ)く 59
手(て)を入(い)れる 410
手(て)を貸(か)す 410
手(て)を付(つ)ける 410
手(て)を抜(ぬ)く 410
恥(はじ)をかく 437
話(はなし)がつく 458
話(はなし)がわかる 458
話(はなし)にならない 458
話(はなし)に乗(の)る 458
目(め)がない 23
目(め)が離(はな)せない 23
目(め)が回(まわ)る 23
目(め)をかける 324
目(め)をつける 324
目(め)を通(とお)す 324
目(め)を引(ひ)く 324

문형 · 문법 항목 목록

◆「정답」페이지에 소개하고 있는 문형이나 문법 항목을 あいうえお순으로 나타내고 있습니다 .

◆ 숫자는 문제 번호입니다 .

た

な

は

ま

문법

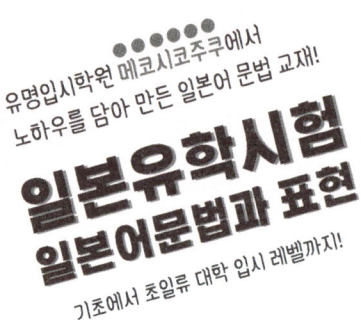

필승합격 일본어능력시험

문자 · 어휘 · 문법 500 문 N2

초판발행일 : 2022년 03월 25일(1쇄)

저 자 : 마쓰모토 노리코 · 사사키 히토코

발 행 인 : 송 부 영

발 행 처 : (주)해외교육사업단

출 판 등 록 : 제16-1456호

주 소 : 서울특별시 서초구 강남대로 381, (두산709호)

전 화 : 02-736-1010

이 메 일 : song@hed.co.kr

홈 페 이 지 : www.hedgroup.co.kr